*"Vanguardia" y "tradición"
en la narrativa de
César Aira*

Nancy Fernández

ISBN: 1-930744-73-0
© Serie *Nuevo Siglo*, 2016
Instituto Internacional de
Literatura Iberoamericana
*Universidad de Pittsburgh*
1312 Cathedral of Learning
Pittsburgh, PA 15260
(412) 624-5246 • (412) 624-0829 fax
iili@pitt.edu • www.iilionline.org

---

*Colaboraron con la preparación de este libro:*

Tapa: © Succession Marcel Duchamp / ADAGP, Paris / Artists Rights Society (ARS), New York 2015, "La Mariée mise à nu par ses célibataires, même" (*Le Grand Verre*), Philadelphia Museum of Art
Composición y diseño gráfico: Erika Arredondo
Correctores: Leo Solano y Sebastián Urli

# ÍNDICE

Introducción: "Vanguardia" y "tradición" en la narrativa de César Aira ............................................................... 5

TRADUCCIÓN Y READY MADE ............................................. 13

CÉSAR AIRA: LA SERIE RURAL ............................................. 14
    *Introducción* ............................................................. 15
    *Modos de mirar o genealogía de la lectura* ............... 17
    Nacionalismo zen ..................................................... 17
    A contrapelo o fuera de lugar ................................... 21

VARIACIONES SOBRE EL REALISMO. LO REAL Y LA NACIÓN .. 26

EXCENTRICIDAD Y CONTRACANON. AIRA EN SUS PRECURSORES ................................................................... 34
    Sobre Ezequiel Martínez Estrada .............................. 39
    Peregrinaciones pampeanas: las reglas del género y la experimentación material ........................................ 47
    Primeras conclusiones interrumpidas ....................... 71
    Experiencia y lenguage ............................................. 76

HISTORIA PRIVADA ........................................................... 82

ESTILO Y HOMENAJE: OSVALDO LAMBORGHINI ............... 84

| | |
|---|---|
| La serie urbana .................................................... | 85 |
|     Barrio y ciudad ............................................ | 85 |
|     *Los cimientos del Infinito* ............................... | 89 |
|     Las ocasiones del devenir ............................... | 94 |
|     Los juegos del nombre propio ...................... | 99 |
|     El realismo y lo real ...................................... | 103 |
|     A modo de cierre ........................................... | 110 |
| Bibliografía ........................................................ | 121 |

# "Vanguardia" y "tradición" en la narrativa de César Aira

¿Por dónde comenzar cuando se trata de leer la poética de un autor cuyo prestigio se consolida en la década del noventa y su obra crece y se publica en un ritmo desmesurado? Quizá por plantear que en el caso de César Aira ese desborde da cuenta de una lógica que afecta la capacidad de absorción del mercado, poniéndose así fuera del alcance de los efectos reificadores de ese proceso. Pero también se puede señalar que el movimiento del autor dentro, fuera o sobre su obra, atañe a la construcción de una lógica, cuya índole más dinámica apunta al procedimiento y los efectos que constituyen el sentido. Entre el culto feliz a la levedad y la simpleza y los escarceos ilegibles de una literatura que sostiene como principal motivación el acto artístico de narrar, los libros de Aira llevan a la superficie el problema de lo real como experiencia contemporánea. Sin omitir el trabajo preferencial de un género, en este caso, la novela, la combinación del detalle (cada libro leído de modo autónomo) y totalidad (los libros que en conjunto forman las claves de una rúbrica) apuntan a dar forma a una poética reconocible que difícilmente pueda ser leída desde la acabada monumentalidad. En Aira se trata de revisar las categorías de obra (composición y sumatoria) y escritura (trabajo en proceso).

Desde esta perspectiva podríamos decir entonces que su literatura se teje con signos que esbozan un conjunto, fluctuante entre la conclusión (historias con principio y fin, narraciones con final feliz de fábula) y una suerte de *work in progress* por el que asoman, de novela a novela, ciertas zonas de pasaje, manteniendo una vacilante unidad o un permanente oxymoron entre los fragmentos (cada novela) y el todo (la obra). Obra que no agota su compulsión por publicarse, por ocupar con la rapidez de un rayo los estantes de las librerías y por una constante alerta que suspende sobre sus más "devotos" lectores: nunca se termina de leer a Aira, nunca se logra el cierre ni se alcanza el prodigio de callar su larga risa ante nuestras preciadas "tesis" (risa que suena como la de Marcel Duchamp ante las férreas certezas de su reportera Rosalind Kraus). Eso en cuanto a la performance escénica de su mitología personal pero también en cuanto al proceso de construcción de la novela, género que nunca abandona el modo de hacer presente la figura que también reaparece en sus ensayos: el sujeto de enunciación. Si la suma de los libros prescribe su condición de obra, habría que analizar a la par el carácter de los procedimientos, ese singular modo de elaborar formas y contenidos que dan cuenta en definitiva del ardid autoral: ser identificado en la insistencia de sus huellas, perpetuarse en el paradójico intento de ser borrado en las marcas que precisamente, tienden a identificarlo. Todo gran escritor persiste en aquellos rastros que permiten reconocer el sello de una obra o una poética. En la narrativa de Aira hay motivos (viajes y merodeos), atmósferas (retratos familiares sin terminar, delineados a veces, en la ficción incierta de los hechos) y, sobre todo, la construcción, como decíamos, de una figura: el narrador (que también sentencia y auspicia), base y sostén de la prosa airana, articulación de las operaciones que hemos designado como claves, a saber, la repetición y el desplazamiento. Debatiéndose con arrogancia *airada* entre la institución (el pasado literario) y el mercado (su política de publicación, su recepción reflejada en las ventas, su imposición en los medios masivos), la literatura de Aira no deja de formular un lugar para la Historia, porque "no hay lenguaje escrito sin ostentación" (Barthes, *El grado cero* 25), en tanto señal de algo que va más allá del cerco de su contenido y que se vuelve, a su vez, hacia los límites que la constituyen en su única identidad. Como tal, los signos de una experimentación con la materia, postulan los ritos de una lengua, un estilo o una expresión. Pero si lengua y estilo son parte de una realidad formal, la escritura es esa otra instancia que define la elección de un tono, la función de las palabras donde permanece la memoria de los usos.[1] Si trabajo y creación (en tanto proceso que los textos muestran a medio hacer) se afirman como valor material de una práctica, la forma asume

---

[1] "Una obstinada remanencia que llega de todas las escrituras precedentes y del pasado mismo de mi propia escritura, cubre la voz presente de mis palabras. Así, toda huella escrita se precipita como un elemento químico, primero, desde una supuesta inocencia y neutralidad que a lo largo de la duración permite aparecer la criptografía de un pasado suspendido" (Barthes, *El grado cero* 25).

## "Vanguardia" y "tradición" en la narrativa de César Aira

el intento de verbalizar su propia aniquilación, como el esfuerzo último de todas las objetivaciones: mostrar a la literatura como el resultado final de la fabricación de una joya, una miniatura y un cincel sobre el vacío, como el dedal de plata que el viento encuentra para su costurera ("un souvenier precioso, en cuyo pequeño hueco Delia pensaba que cabía toda su vida, desde que había nacido", *La costurera y el viento* 242).

En Aira, la lengua es menos fuente de elecciones particulares que la propiedad indivisa sobre la cual funda la economía y el horizonte de la pura acción: provocar, probando los límites de la resistencia y la legibilidad de la letra; atentar, siempre contra la peligrosa digestión de la institución académica, cuando impone rótulos o etiquetas; la lengua como base de un estilo es, en defnitiva, el límite de un área sobre la cual cobran cuerpo los procedimientos que van a definir el espesor de una obra que experimenta con irreverencia lo alto y lo bajo de una tradición, lo indecible e impronunciable en el marco de la ética y estética literaria.[2] Pero también lo real se conjugan en sus efectos pragmáticos, en aquel personal histrionismo que ejerce su impacto sobre el circuito masivo del mercado y la cultura.[3]

---

[2] Veamos cómo funcionan los procedimientos de la escritura. Así como el continuo, el viaje o el viento son formas del realismo o del pliegue, lo real toma otros visos que parecen contraponerse a los códigos de la Literatura. Aira "escribe-obra" y juega al sarcasmo con bravatas que agreden deliberadamente al "buen gusto". Así, los lugares comunes, las frases hechas y hasta lo impronunciable, ondean y agitan los velos de la realidad hasta escupir contra la metafísica de la percepción. Ejemplos: la DGI, Cavallo en *La abeja*; Carlos Salvador Bilardo, Marcelo Tinelli, Peperino Pómoro en *El sueño*; Cecilia Roth y el Dr. Laurenti en *La mendiga* (Estrín, *César Aira* 40).

[3] César Aira, uno de los escritores cuyo prestigio se incrementó en la década del noventa, realiza sus experimentos con la lógica de la cultura industrial con el ritmo de aparición de sus libros, lo cual es una pista para entender su modo de colocación en el mercado. Si por un lado, esa aceleración supera o va más allá del mercado, sus dispersas transacciones con los sellos editoriales hacen que Aira sea reconocido como un autor de culto. A pesar del descrédito que hoy afectan las categorías de "obra" y "autor", no hay literatura que pueda ser pensada con prescindencia de las mismas; quizá la pregunta que deberíamos hacernos debería dirigirse a las tensiones que las novelas desarrollan, qué apuestas definen las obras y a qué riesgos se exponen. "¿No son acaso los fantasmas de la literatura lo que podemos leer en estos textos crepusculares? Si la literatura parece hoy 'cosa del pasado' no es por su incapacidad para dar cuenta del presente (después de todo el presente no es sino un estado de la imaginación) sino por su debilidad para enfrentar la lógica (reificante) del mercado que, por otro lado, es su condición: Aira se lleva a esa lógica por delante, Piglia (o Saer, o Fogwill) tropiezan con ella (y esos traspiés vuelven interesante la lectura y el análisis de sus textos). Tomás Eloy Martínez sencillamente cae en sus brazos"

Las historias que Aira cuenta comienzan y terminan, son las miniaturas o las puntadas del zurcido mayor de la obra, el hilo de Ariadna interrumpido en los instantes de la costura que borra a los personajes con el fin de cada novela a excepción del narrador, presente como omnisciencia tangible y real en la plenitud de su participación. Si el modo de contar una historia difiere entre cada una de las novelas airanas, el yo que asume la instancia de la enunciación pone en práctica una suerte de omnisciencia reflexiva, sobre la condición de los procedimientos y las posibilidades de la forma. No se trata tanto del saber en grado máximo como de la interrogación (acerca de los límites que impone y que a la vez provoca saltarlos) por la situación creativa, esa que engendra la imagen de autor. El mismo narrador plantea dos modos de narrar. Veamos de cerca estas dos citas que dan cuenta de dos posiciones, dos lógicas de narrar intersectadas en la flexión de un mismo tono: el narrador que se oye narrar, el narrador que acentúa la marea inventiva sobre el delirio del relato (las dos citas textuales que ahora siguen también corresponden a *La costurera y el viento* y se incluyen con el fin de mostrar el funcionamiento de algunos importantes procedimientos en la prosa de Aira, desde un plano general).

> Debo anotar entre paréntesis que la clase de olvido que borra los sueños es muy especial, y muy adecuada para mis fines, porque se basa en la duda sobre la existencia real de lo que deberíamos estar recordando; supongo que en la mayoría de los casos, si no en todos, sólo creemos olvidado algo que en realidad no pasó. Nos hemos olvidado de nada. El olvido es una sensación pura. (9)

> De pronto vio alzarse frente a ella los rectángulos enormes, como muros negros que le bloquearan misericordiosamente el paso. Durante gran parte de los últimos cien metros creyó que eran paredes, pero al llegar reconoció su error: era un camión, uno de esos gigantescos camiones con acoplado como el que estacionaba en la cuadra de su casa, el del Chiquito...Tan alterada estaba que no se le ocurrió ni por un instante que pudiera ser el mismo (como lo era en realidad), con lo que su busca habría terminado... (77)

En el primer párrafo se sostiene el proceso de la escritura con algo del misterio y la adivinanza en lo que hace a resultados diferidos como

---

(332). Distinguiendo y precisando las políticas de producción y colocación entre los narradores, respecto a este último autor, Link hace una referencia al sólido apoyo que recibe de la industria cultural, la necedad (porque "declara" no saber nada) que rodea las condiciones de producción de *El vuelo de la reina* (*Como se lee*).

posibilidades aleatorias, se trata del ensayo incompleto sin la garantía solvente de una explicación última, del porqué sin respuesta prevista. Ya en la segunda cita nos adentramos en los mecanismos del relato que asedia a lo real, base de la lógica narrativa airana, en los extremos de sus grados y niveles; del "reconocimiento" por parte del narrador, de un episodio de infancia que sube a la superficie sin haber sido transformado (Delia Siffoni, la costurera vecina y amiga de su madre, los juegos compartidos con Omar, su amigo de infancia –jugar a desaparecer, a evaporarse en la nada–), a la percepción alucinante de la fábula: la impertinencia de la literatura que se entrega al juego de desarmar y rehacer como otra cosa, la lógica del verosímil: el viento de la Patagonia, como si fuera un genio, se anuncia en palabras, protege y provee a la desvalida mujer de un lecho y un ajuar, en medio del desierto sin límites. Si levedad y evanescencia son motivos recurrentes, la simultaneidad que superpone planos de enunciación, es un procedimiento por demás frecuente en Aira. Ese punto de cruce es el salto que se materializa en el vértigo temporal donde el presente alcanza su forma más plena:

> Estuve dos horas escribiendo en esta mesa... y en el entusiasmo de la inspiración, que ahora maldigo, seguí y seguí hasta terminar el capítulo anterior...y cuando miré el reloj me quise morir...Ya debería estar en esa cena, me estarán esperando, y yo clavado aquí...Tengo veinte minutos de Metro por lo menos, y los minutos pasan y yo sigo buscando la mirada del mozo. (*La costurera* 104)

Cercanía e inmediatez en el espacio (tal como señalan los pronombres demostrativos); actualidad instantánea en el tiempo (desde el presente a las modulaciones condicionales y subjuntivas). Más allá del boceto delineado sobre la contradicción entre la prisa y la demora, entre el peso de una responsabilidad incumplida y la ausencia que le gana de mano al compromiso (faltar a una cita, *borrarse* para perderse en los *agujeros* practicados en el cuaderno de apuntes) se corresponde con el acto de suspenderse en la puntuación que nombra el estado del desplazamiento entre dos instancias: el narrador que cuenta y el narrador que se mira a sí mismo cuando detiene o frena el curso de la historia. Entre una y otra el arte de narrar actúa como anclaje y antídoto contra la desrrealización de la novela. Y el efecto arriesga el coeficiente pleno del continuo entre la sentencia gravitacional de una conclusión, más la conciencia de la grieta que interpone el olvido entre el yo y los hechos. Certidumbre de ser unívoco y torbellino del pasado que contamina los recuerdos; "Hay una sola vida y está en su lugar. Y sin embargo algo tiene que haber pasado" (*La costurera* 11).

Ahora bien, ¿los procedimientos difieren entre sí? Aunque sea cierto que los modos de narrar cambian de acuerdo a los contextos de enunciación, podemos arriesgar la idea que existe una lógica del relato que permite nombrar a Cesar Aira y reconocer su sello. La escritura de Aira es una perpetua huída hacia delante. Esta frase podría estar entre comillas por marcar una concepción del trabajo artístico, de la técnica o del artificio narrativo (desde la perspectiva del autor). Pero también propicia una política de publicación sostenida contra la idea de *belletrismo* y corrección. Si su modo de escribir supone terminar una novela, hacerla aparecer casi de inmediato y recomenzar la producción, la necesidad de la obra por afirmarse y seguir haciéndose, hace resonar la voz y la mítica consigna de Osvaldo Lamborghini: publicar y después escribir.[4]

---

[4] A partir del reconocimiento de algunos segmentos claves de la nacionalización de la cultura (período de la Independencia, Generación del 37', década del 60'con las declaraciones de David Viñas a la cabeza, acerca de la literatura argentina como historia de la voluntad nacional), Montaldo propone un cruce entre las "obras" de Borges y Aira deteniéndose menos en el análisis de las escrituras que en las condiciones de circulación y las relaciones con la industria cultural. A partir de ahí es cuando pueden pensarse categorías como las de mercado, canon, genealogías, intelectuales y escritor. Lo que, en todo caso, le interesa a Montaldo de los procesos de escritura, es el lugar que ocupan en la cultura argentina contemporánea, lugar que ha cambiado sustancialmente respecto de los tiempos en que "Borges era el autor de Pierre Menard". Reconociendo expresamente los aportes de Annick Louis, Montaldo visualiza algunos problemas manifiestos entre los años 20' y 30', años en los que Borges busca estrategias para nacionalizar las formas de modernización vanguardista y de los géneros en la floreciente industria cultural, delineando desde esta perspectiva las condiciones de una nueva textualidad (tonos de la lengua coloquial, mitología de lo criollo, el policial y el comic). Para el explícito punto de vista de Montaldo, la literatura de Aira se cruza con las operaciones que Borges realiza en este período, lo cual se visualiza desde las formas en que las novelas de Aira reciclan los clásicos hasta las incorporaciones más literales de la realidad argentina en el nombre de los referentes. Así como Louis ha leído a Borges fuera de su escritura y lo ha puesto a funcionar en los medios en que publicó y las relaciones que estableció, Montaldo lee la forma en que Aira coloca su ficción —y su estética— en la escena pública, en un más allá de su escritura. Independiente, indiferente hasta el extremo de las distinciones entre la cultura popular y la cultura letrada, Aira muestra la presencia del mercado sin queja ni celebración, más bien como un hecho consumado del que expulsa todo indicio de moral. Esta es la posición desde la cual se sustenta en el sello Aira, trabajo

## "Vanguardia" y "tradición" en la narrativa de César Aira

La trama anecdótica de una novela como *Los fantasmas* parece encarnar una metáfora más que elocuente sobre la oquedad y la extinción progresiva del arte, en este caso, de la literatura; por otro, cabría también preguntarse por aquellas direcciones que arrojan las obras al destino incalculable del universo cultural: experiencias contradictorias, premisas antagónicas sobre la base de una única promesa: en Aira, la práctica cierta de seguir escribiendo. Contra toda norma que dicta el acto del buen escribir, Aira hace del error y el malentendido casi una declaración de principios; pero si hay una convicción que reitera (y lo hace desde sus propios orígenes de escritor y de crítico), es la que reza una única verdad para el escritor: la literatura. Borramiento (sobre el gesto de lo efímero y de las declaraciones malditas) y reconstrucción (el ademán de la firma, el reconocimiento del nombre propio que procura aventajar con maniobras azarosas, las imposiciones de los sellos editoriales), apuntan a la radicalidad constitutiva del arte. Pero en este punto debemos leer su reivindicación de la vanguardia: no como suceso fechado sino como la "ruptura contra la autoperpetuación de las formas y la especialización que éstas requieren" (Mattoni 202). Gesto de aficionado, recuperación de la inventiva para devolver al arte casi un estado prístino de factura o fabricación, tomar distancia de la sobrevaloración del producto artístico donde todo indicio de perfecta conclusión, amenaza con la parálisis del monumento. Pero levantarse contra la especialidad y las formas cristalizadas, postula una concepción de subjetividad que atenta contra y sobrepasa la mera existencia individual del artista especializado. Si la representación de la palabra concedida, al decir de Mattoni, no encarna otra cosa que una escena, no es solo porque la palabra del artista amalgama la materia prima e informe sino que el habla común de todo lo que no es él mismo, lo antecede y lo atraviesa, hablando por —a través de— él: "Hablan los otros, los no-artistas, sin que la perfección artística deje de estar íntegramente en manos de quien les presta su voz" (199).[5]

---

y mecanismo para armar, finalmente, un nuevo lugar en la cultura argentina: el lugar de quien sabe que, a la manera vanguardista, la condición de las operaciones es su borramiento, "como estar muerta es la condición para participar de la fiesta en *Los fantasmas*" ("Borges, Aira" 15).

[5] Mattoni traza un paralelismo y una inversión entre Hegel y Aira, a partir del análisis de la operación de escritura que atañe a dos ensayos y algunas de sus novelas, elegidas como él mismo dice, al azar. Partiendo de la sentencia hegeliana acerca de que "para nosotros el arte es cosa

Nancy Fernández

Serán los propios términos de Aira, que Mattoni reconoce en sus ensayos más elaborados, los que subrayen uno de los núcleos de las argurmentaciones airianas: la verdadera condición del arte está en el retorno hacia sus raíces, en el reconocimiento del carácter inventivo, lo cual postula al menos dos soluciones disímiles o mejor, extremas: la vuelta a la fuente de los orígenes y el giro hacia la técnica y el artificio. Desde nuestro punto de vista surge un planteo a modo de interrogante: ese arco de aporías que traza Aira, tal vez postula una vuelta de tuerca que supera la imaginación romántica (tal como la nota anterior nos sugiere) en la toma de distancia y objetivación (entre el sujeto creador y el croquis de lo real por donde se desplaza su mirada) y la conciencia cada vez mayor de la cercanía (que nos hace hablar de in-mediación) y diferencia entre él y la materia de su expresión. En Aira, la idea de "orígenes" es menos una fuente incierta e incontaminada para que el artista abreve en ella, que la noción desdibujada de una pura dimensión donde la literatura debe aferrarse en sus raíces; entonces, el germen de la tradición radica en la posibilidad de que dispone la narrativa para prescindir tanto de

---

del pasado", se pregunta por qué ahora volvería a ser legible que se trata según Aira "de vivir la literatura, en el presente, como un hecho del pasado". Desde esta perspectiva, Aira no parece ser el espejo fiel de una época contemporánea que cifra su conciencia en el fin de la literatura. Sólo que si Hegel afirmaba en su *Estética*, la aspiración a la verdad en tanto necesidad de que la era moderna dé lugar a una forma superior de la conciencia de sí, Aira está lejos de pensar que la muerte de la literatura de cómo fruto una forma más autónoma y preeminente. La literatura sería eso que augura lo imposible, "crearnos a nosotros mismos en la enajenación del lenguaje" (197). Si el procedimiento contiene la cualidad del infinito, la obra, en Aira, se convierte en en el proceso que lleva a la obras del que éstas son huellas, testimonios, rastros. "Lo que la vanguardia de Aira pone en el centro de la atención artística es el movimiento hacia alguna parte y no la conclusión, la salida" (199). En este sentido, si el procedimiento es un plan o un "esquema" que va ajustándose a las necesidades de la escritura, independientes de mecanismos fijos o de intenciones que se pretenden casuales, ajenas al dispositivo o al ingenio con que arma para sí mismo el autor, la vanguardia sería el intento de introducirlo en la obra acentuando el costado técnico del arte. En este punto Mattoni señala una suerte de contradicción o descuido porque "Aira olvida que toda obra, para seguir siendo leída, excede su propia constitución, que la invención no impide que lo involuntario decida cuál es la intensidad de lo hecho, que el procedimiento es un artilugio del artista para no enfrentarse directamente con la nada, pero que al final deberá hacerlo, pues proceso, producto y productor están hechos para el olvido" (202). Si el procedimiento señala y esconde un nuevo comienzo y un inminente fin para el artista, autores como Cage, Duchamp, Roussel y Aira saben (aunque en distintos grados de admisión) que la incertidumbre que persiste en el descubrimiento de lo inapropiable del lenguaje constituye el reverso de la "inspiración" romántica.

psicologismos sentimentales como de envolturas ajenas a su constitución, porque aquellos sistemas que encarnan teorías sobre la condición del relato, terminan por disecar el potencial de la inventiva dejando un mero esquema de preceptos: el verdadero artista será aquél que, acorde con su época, sepa sumergirse en la fuente y asirse de la tabla para rearmar, desde una distancia irónica los pretextos de la creación y hacerlos visibles en el resultado del procedimiento.[6]

## Traducción y ready made

El procedimiento narrativo clave en Aira es la fabricación de pasajes inmediatos entre documento y fábula; esto pasa en *La liebre*, en *Un episodio en la vida del pintor viajero* o en *Cecil Taylor*. En una suerte de ready made cuya regla es la irreversibilidad y la indeterminación, el mundo se fragmenta como en las obras de Cecil, por elementos locales e independientes que no obstante persiguen un mismo fin. Así es como Aira sabe hallar el punto de inflexión entre lo dado (lo "ya hecho") y el proceso de creación, allí donde el tiempo heterogéneo, no sucesivo, es atravesado por el presente absoluto de la voz que está contando.

Para Aira, invención y realidad son la "materia inicial", la fuerza que integra la fábula y el ready made, queda por ver lo real en tanto efecto del trabajo, en tanto modulación artificial de ciertas convenciones; en este sentido, lo real se identifica con la forma y la forma con el acontecimiento. Pero cuando hablamos de trabajo y ready made (de creación y producto) hay que incluir al tiempo en tanto inversión de la causalidad lineal, una suerte de operación colectiva que, en un momento de la Historia, en este caso la historia del proceso artístico, haría girar el lugar asignado al efecto. Es lo que Aira capta de manera magistral en la narración kafkiana: el canto de Josefina es el mensaje de la comunidad al individuo (y no al revés como funciona usualmente en la obra de arte), la marca genealógica donde el eco ancestral es singularizado como legado y apropiación. El ready made, entonces, es leído y aceptado cuando lo individual se

---

[6] Léanse, por ejemplo, los juegos estilísticos que Aira emprende con el romanticismo de Chateaubriand, específicamente en *La liebre* (Contreras, *Las vueltas*).

transmuta en colectivo y a su vez resalta la individualidad del receptor en lo intransferible de su lengua, que no existe fuera de esa operación.

Si algo expone Aira en sus novelas y que termina de resolver en su ensayo "Kafka/Duchamp", no es justamente el proceso de evolución darwiniana que va de individuo a especie. Porque mientras en Darwin la escritura de sus investigaciones tiende necesariamente a la explicación, en Aira el procedimiento es inverso: de especie a individuo (a lo azaroso, a lo singular y a lo contingente). Es, de alguna manera, lo que ve y oye en la música-silencio de John Cage. Si la música ya existía entre los ratones, ¿por qué el canto de Josefina sigue siendo singular en su inadecuación al legado transmitido? ¿Por qué, siendo único, es resistido al reconocimiento de la comunidad? "Como con Josefina y su canto, los ready mades de Duchamp no coinciden con la idea tradicional que nos hacemos de la pintura o de la escultura". El canto de Josefina ya está hecho (es el chillido ancestral de todos los ratones). Allí hay un momento cuando la sociedad pacta con el artista en la elección más o menos azarosa del objeto artístico, objeto por el que los ratones se niegan, no obstante, a pagar. Tal vez porque el canto, como el ready made, ya ha incorporado temáticamente el vacío: "el canto es, en este sentido, un vacío de trabajo". Así es como Aira mantiene el delicado equilibrio entre reelaborar el acervo y hacer uso inmediato de la recepción. Por eso, el artista, que aparece más o menos aludido en su "Ars narrativa" es el que reúne los opuestos de la explicación (inherente a la moraleja y la conclusión de la fábula) y del ready made, mezcla de sorpresa, broma pesada, aparición súbita, acontecimiento genuino e imprevisión. Y sin embargo es lo que está allí, afuera de la obra y adentro de la vida, de cuya combinación resulta, sin embargo, la condición misma de la práctica artística de la escritura.

## César Aira: La serie rural

Gauchos, soldados, indios; la campaña al desierto o la traza de límites entre campo, pueblo y ciudad. Estos son algunos de los motivos que construyen la base de un interrogante clave para leer a uno de los grandes narradores argentinos de la contemporaneidad. ¿Existe lo nacional en César Aira? Para arriesgar una respuesta habría que detenerse en los cruces de una radical experimentación literaria con una mirada que nunca abandona la historia y los relatos patrios.[7] Mientras Aira definía su práctica de escritura como excusa de la futilidad, Graciela Montaldo reconocía en lo cotidiano, el artificio del desvío respecto al condicionamiento de la historia. Ahora, el orden de la causalidad se desplaza para explorar los alcances de sutiles nimiedades. Al tener en cuenta esas particularidades, creemos entonces que no se trata tanto de escribir al revés o en contra; tampoco implica una inversión de valores sino más bien un desplazamiento de la lógica que sostiene los parámetros identitarios de la cultura nacional. Nuestro trabajo intenta desarrollar aquellas líneas que definen la poética de Aira, deteniéndonos en las características que nos permiten pensar su paradójico vínculo con la tradición de la literatura rural y con aquellos artefactos culturales que interpretan la productividad de los bienes simbólicos. Con Aira se hace necesario volver a la tradición entendida como repertorio de discursos y prácticas, fijados como sentidos en el pasado pero recolocados y activados respecto de los contemporáneos. El presente se organiza así como novedad a partir de la incursión en una genealogía que destierra, sin embargo, la nostalgia.[8]

*Introducción*

Cuando Aira hace de gauchos y extranjeros el eje rural de su poética, y logra una descripción del campo en franca ruptura con los cánones instituídos, desborda el modelo de un discurso puesto al servicio de la mímesis o de la teleología. Pero además produce un rescate que excede voluntades e intenciones, por una palabra que despolitiza mitos y emblemas de la nacionalidad. Desde este punto de vista, Aira repone en sus novelas las mismas figuraciones que Ezequiel Martínez

---

[7] Nuestra hipótesis básica considera el presupuesto del vínculo, por demás complejo, que César Aira mantiene con la historia de la literatura argentina, en el interior de la tradición y cultura nacional. Algunas de las cuestiones relativas a este problema me fueron sugeridas por el Dr. Miguel Dalmaroni en el seminario "Una república de las letras: escritores y políticos de Estado en la Modernización (1888-1917)", que dictó en la Facultad de Humanidades de la Universidad Nacional de Mar del Plata, durante marzo y mayo de 2003.

[8] La continuidad de la cultura define el modo en que se construye una tradición, el gesto fundacional y sucesivas "representaciones" ancladas en la historia. No obstante, creemos, hay textos que ponen en "peligro" el sistema de significaciones (Hobsbawm 58).

Estrada imaginó para reflexionar sobre una literatura auténtica y diferencial. Pero si Martínez Estrada bregaba por distinguir realidad y máscara, jerarquizando la primera como el signo verdadero de una tradición, Aira parece desfondar la materia narrativa de presupuestos y procedencias para abrir una perspectiva radicalmente inaugural. A su modo entonces, reescribe el pasado, con el gesto atlético de quien transforma la herencia con la levedad de la pura invención. La raíz de la ciudadanía, las procedencias colectivas; la noción de origen se desacraliza en una escritura que favorece el don de la inventiva y la elaboración de la forma. La máscara es, precisamente, lo que le permite al autor hacer libre uso de mitos y creencias para mostrar en cada texto una suerte de mónada, cuya expresión, no obstante, proyecta el infinito. Un plano del mundo habla del universo. Desde esta perspectiva, la relación entre continuo y discontinuidad, entre el todo y el fragmento, entre completud e inacabamiento parecen desplazar la primacía de una "mirada exterior" que revele el enigma de la realidad nacional (Montaldo, "Prólogo" 5). Así, como juego con los límites de la estética y de la lógica, la frontera (y ya como motivo rural) es signo de desafío y resistencia ante la legitimidad de la representación. Por eso, espacio, tiempo y sujeto cobran nuevos sentidos que arrojan soluciones intempestivas, alternantes al modelo de la razón clásica. Con Aira no se trata de discriminar dentro o fuera porque su obra tiende a una horizontalidad de niveles, en una perspectiva de literalidad inmanente. Los textos por lo tanto, no cuentan con un soporte estático, hecho de personajes de museo. Lo que constituye la textualidad es más que nada, una serie de pliegues que se componen para deshacerse en todas direcciones posibles, de modo que lo espontáneo, lo inmediato y hasta lo trivial, si se quiere, residen en el carácter mutante que escenas y personajes imprimen en el linaje nacional. Giros y saltos que no cesan de modificar la fisonomía de la herencia. Es en este sentido que la simplicidad de un día cualquiera define la verdadera faz del acontecimiento, al ser el avatar de la vida diaria lo que impulsa la trama del relato. Aira descongela el perfil anquilosado de nombres y hechos. Si su expresión produce el doble efecto de luz y sombra, esto es producto de la zona confusa que el vacío o la oquedad transmuta en palabras, aunque nombres y motivos sean ecos provocadores, claves insistentes para una identificación cultural.

# "Vanguardia" y "tradición" en la narrativa de César Aira

Se puede leer a César Aira de varios modos, pero el que aquí elegimos es el que subraya aquellas marcas de "identidad" en relación a una tradición nacional. Identidad, con lo paradójico y problemático que es esta noción en la obra de Aira. Este es el punto de partida que nos permite reflexionar sobre el lugar de César Aira en la literatura argentina. Suena extraño que un escritor de vanguardia afirme un vínculo con la herencia libresca; sin embargo eso es lo que Aira realiza cuando se apropia del pasado aunque por las grietas de la Historia se filtre la cara de la novedad. El resultado presente no sólo consiste en una performance impactante, en cuanto a la escena que el autor construye con su intervención o con su ausencia. Se trata de una escritura fuerte, fundada en sólidas lecturas y a la vez genuinamente inaugural, innovadora. Altamente patrimonial y fiduciaria, artesanal por lo que la trama ancestral de la escritura provee, la literatura de Aira es también un producto mostrenco. En este trabajo, vamos a detenernos en algunos de los textos de Aira que componen lo que puede denominarse "ciclo rural", por algunos de sus tópicos temáticos y paisajísticos. Y sin duda podríamos añadir que es el concepto de tópico lo que el autor viene a demoler. Llama la atención, desde esta perspectiva, que las ficciones airianas se construyan sobre las conjeturas o mejor, las figuraciones que Martínez Estrada proyectó sobre las letras argentinas. Y cabe recordar ese punto de vista: lo más singular, como síntoma o emergente de nuestra cultura son los gauchos y los viajeros ingleses. En este sentido, parte de la obra de Aira se dedica, sin preocuparse por las esencias de lo verdadero, no solo a reponer esos mismos materiales sino a leer, en clave paradójica y desplazada, los restos de una heráldica, esa que encuentra los trazos de lo real sobre la superficie del desierto.

*Modos de mirar o genealogía de la lectura*

Nacionalismo zen

Con frecuencia se ha insistido en el carácter singular de la obra airiana. También, con la misma asiduidad se ha ligado este rasgo a la construcción de la nacionalidad. Si es plausible la relación entre patria y lengua, problema que Sandra Contreras ha observado a propósito del exotismo y del estilo, aquí ponemos el acento sobre una lógica que orienta el sentido hacia el misterio de lo real, que en principio es, sobre todo, la inagotable capacidad de la fábula para crear puentes de acción entre una y otra historia. Lógica de avatares y catástrofes, de acontecimientos, nunca de proporción y causalidad: escribir para Aira, es contar una aventura.

El desafío de hacer visible la historia, en el sentido de generar efectos de imagen, reclama un conjunto de operaciones que, como los indios de *La liebre*, signan una necesidad absoluta, allí donde otros quizá solo vean "volutas de humo". De esta manera, si la enunciación insiste en subrayar la actuación de quien narra y de lo narrado, movilidad y acumulación se complementan con el gesto marcado de quien (re)presenta, como un juego, una situación determinada. Sin tomar distancia, mezclándose y participando de la escena ficticia, el narrador combina mecanismos y materia para lograr la alquimia de una palabra genuina, y en todo caso, la eficaz coincidencia entre procedimiento y resultado.

Si escribir y narrar es cuestión de hallar una forma personal, el núcleo del artificio que constituye la escritura barroca de Aira, es la lógica del azar y del continuo. Se trata entonces de la simultaneidad, que proscribe, como el lenguaje de los sueños o del inconsciente, la distinción del adentro y del afuera, del antes y el después. Como se ve, el modelo de la representación se pone en crisis desde las categorías de espacio y tiempo, precisamente, en función del pliegue y la in-mediación.[9] Desde este punto de vista, el objeto (es decir, aquello que Aira quiere presentar o mostrar en sus narraciones) no se define por esencias porque sustituye a la permanencia de una ley. Si el objeto (liebre, caballo, cautiva o malón) se sitúa en un continuo, es, paradójicamente, porque la relación forma-materia implica una puesta en variación. De este modo, el pliegue es el operador que libera, sin restricciones, los soportes de motivos y escenas logrando que

---

[9] Se trata de habitar el mundo constituyendo capturas transitorias. En este sentido, cuando las mónadas entran en fusión y se interpenetran, ya no dejan distinguir coordenadas armónicas ni acordes propios. En esa suerte de diagonal por la que se arrastran, no permiten, tampoco, la subsistencia de la distinción entre lo interior y lo exterior, lo privado y lo público identificando las variaciones con cortes y dobleces, al mejor modo de Burroughs. De esta manera, el plegado en el espacio prolonga la monadología con una "nomadología". Debemos advertir que el pensamiento deleuziano a propósito del barroco de Leibniz, no solo establece relaciones con la literatura, sino con la escultura y con la música, tal como lo muestra en función del desarrollo de la armonía-melodía en diagonal, tal como se da en Boulez. La traducción literaria sería Mallarmé (Deleuze, *El pliegue*).

la obra de Aira se caracterice por una extrema paradoja: su especificidad (por ser única y singular) y su transhistoricidad, por ser susceptible de extenderse fuera de límites históricos: restos del pasado, pero también invocación al futuro, por algunos de sus más extraños síntomas. De esto último da cuenta el procedimiento que proviene del manejo temporal: el anacronismo, tal como puede leerse en los debates acerca de la plusvalía (*Ema la Cautiva*), o en las delirantes apelaciones al marxismo (*Moreira*). Pero también, como decíamos, el devenir histórico aparece como doble pacto con el pasado y el futuro, desde una página en blanco que se escribe con fuerza empecinada. Si la espacialidad convoca a esa suerte de sesgo oriental, a saber, lo lleno y lo vacío, la temporalidad también arma un friso de nuestra literatura, exhibiendo escenas e imágenes que se acumulan y condensan en un pasaje de doble mano, o eso que conocemos como simultaneidad. Sobre la nada del desierto hay acrobacias y parloteos, una suerte de escaparate para exhibir el cruce entre tradición y vanguardia. En esta misma línea, la pertenencia y lo extranjero, implican menos una consecuencia que el germen estructural de la poética airiana: la migración. A partir de aquí, el simulacro es lo real, síntoma y emergente de una nueva lógica poética que resalta el gesto de "hacerse" el argentino. Ya no se trata entonces de una mirada foránea que incursiona en territorio argentino para descubrir y contar la diferencia; Aira se acomoda en la postura de quien, estando demasiado cerca de la materia "imitada", finge por énfasis la expresión deformada de lo propio, una operación que ante todo es un oxymoron: la naturalización del procedimiento o la invención de lo dado. Lo real, entonces, se crea por torsión de escribir mirándose a sí mismo, y a la par, por la lejana distracción de mirar lo otro sin perderse de vista. Narrador histriónico y prestidigitador: en Aira, las esencias se inventan.

De esta manera, lo real es producto de una combinatoria o de una mezcla. Pero esa confluencia de marcas y cosas, como una suerte de inminencia pasada o de actualidad pretérita, implica un proceso de sedimento y extensión. En la cesura de espacio-tiempo, la Historia es protagonista, no solo como tema sino como operación, aunque la letra no se legitime con el sentido común o como imperativo colectivo. A esto se debía, como lo señalábamos antes, el desplazamiento de la causalidad. Lo real implica así una reelaboración de la materia histórica y en la condición presente de ese trabajo perpetuo, se labra la forma de expresión, forma que afirma la instancia de una verdad propia o inherente al texto, ni previa ni exterior. Quizás el estilo sea sobre todo esto, la condición literaria bajo la cual la verdad de una variación se presenta como imagen al sujeto, en cualquiera de sus niveles: sujeto entendido como (imagen también) autor, narrador o personaje. Desde el momento en que el sistema narrativo de Aira desaloja toda figura de contornos nítidos, ya no se trata de las variables de una verdad previamente constituida y colocada ante un sujeto dado de antemano. En el estilo que reviste a la identidad, el yo que interpreta la pertenencia de lengua y nación, urde la acción a base de equívocos y peripecias; es lo que cobra impulso como una forma inestable, inacabada, inconclusa, pero eficaz por su capacidad de inventiva y a la vez, de evocación. Casi se diría que son resultados o secuelas de un narrador que sabe tensar y destensar, contraer y dilatar, lo cual hace que las tramas novelescas funcionen como turbulencias o mundos, donde lo grande y lo pequeño funcionan al mismo tiempo gracias a la sintonía escópica de fluídos y espirales. En esta misma óptica, ese foco de inflexión que implica el acto de continuar, y no acabar, un pliegue hasta el infinito, es lo que determina el surgimiento de la Forma como forma de expresión, no como evolución rectilínea, acorde al pensamiento cartesiano, sino la modulación en los términos que permitan pensar la ley de la serie como traza de curvas: en Aira los operadores fundamentales son repetición y desplazamiento. Si la lógica airiana cobra vigor en el continuo, la simultaneidad, la in-mediación y el pliegue, lo nacional es el producto de un artificio consciente, de la efectividad de la letra para interpretar los recodos del detalle ocasional. Sin embargo, el todo está presente como envoltura miniaturizada. En parte, el campo reclama el estatuto de "naturaleza artificial", marcando siempre una instancia de composición donde no tiene lugar el apriorismo ontológico de un origen cierto o una esencia primera. Las invenciones patrias de Aira celebran la contingencia de todo lo que el canon de nuestra cultura cristalizó como emblemas o estereotipos. Del clisé estático a la imagen móvil, este sería entonces otro de los más productivos pasajes airianos.

    Los relatos de la nación funcionan como excusa incidental para legitimar el uso de la herencia, la deformación de las convenciones o la libre franquicia que proscribe los imperativos de una rúbrica. Si algo naturaliza Aira es la apropiación como gesto y acto deliberadamente ingenuos, porque su poética no concibe la escritura como acto delictivo: en este caso, cabría señalar una diferencia con Ricardo Piglia.

A contrapelo o fuera de lugar

En la historia de la literatura argentina, Borges es un punto de inflexión para construir y pensar poéticas; su nombre es sello onomástico para generar e invertir la función cronológica entre ancestros y epígonos. Volver a Borges, revisar sus ensayos, es inevitable. Al respecto es indispensable cotejar el examen que Borges desarrolla en "El escritor argentino y la tradición". Es aquí donde, Borges empieza por un punto de partida que a su juicio ha prescindido de razonamientos más sutiles; por lo tanto da entrada a la polémica con los nacionalistas Lugones y Rojas al revisar la impronta arquetípica que la poesía gauchesca graba en su léxico y sus procedimientos. Si el *Martín Fierro* no es "nuestra Biblia" por carecer de nexos naturales relativos a su génesis (Lugones le atribuye una herencia homérica) o a su lengua (Rojas argumenta una deriva en Hidalgo, Ascasubi o Hernández desde la poesía popular de los payadores), es porque sostiene su pertenencia a un género artificial, legitimidad acaso involuntaria aunque su efecto sea el de una composición "admirable"; no se trata del habla rural, de los hábitos y usanzas de los paisanos, sino de la representación y la escritura que instala, diríamos, su propio régimen de veridicción. Desde la perspectiva de Borges, el error de los nacionalistas radica en restringir el ejercicio poético a los temas locales por lo cual elige resolver el problema de la tradición mediante la apropiación deliberada de la cultura occidental. Así es como los argentinos y los sudamericanos en general estaríamos en condiciones de manejar, sin reverencias ni supersticiones, todos los temas que provengan de Europa. Llegado este punto, pensando en el autor que es eje de nuestro análisis, se hace necesario resaltar que Aira va más allá de esta lectura que sin duda implica un desvío respecto al canon nacionalista: Aira incorpora la cultura oriental que Borges no contempla en su argumentación y sus narradores, como titiriteros, abundan en los rasgos deliberadamente simulados de sus personajes, como excesiva carga de tipicidad. Si el Corán proscribe a los camellos, Aira no escatima en caballos.

Dos de los autores que más incidieron en la literatura y la crítica argentina contemporánea, a saber, Saer y Piglia, se inscriben en la genealogía borgiana desde cierta noción universal de la literatura (Contreras). Se diría que hay en ellos una universalización del margen, y una recolocación estratégica de la periferia. Nuevamente Aira queda fuera de lugar al no intervenir en un espacio hecho de presupuestos.

Pero también ambos autores confluyen en una misma instancia fundacional al otorgar la potestad intelectual a la estrategia identitaria que asumio Martínez Estrada, posicionándose casi como sus deudores directos (Montaldo, "Borges, Aira").

Se diría que tanto Borges como Martínez Estrada constituyen una instancia fundacional en Saer y en Piglia. Basta pensar en el modo sesgado de colocar la nacionalidad, atribuyéndole a la mirada extranjera la posibilidad de hablar de lo argentino, de extraer su potencialidad y su fuerza expresiva o la capacidad de representar sus rasgos y valores más netos. De un modo o de otro, así lo hacen con Gombrowicz y con la "mirada exterior" que proyectan sobre la cultura argentina. Pero el carácter diferencial de Aira reside en que altera la base lógica de la representación, por lo que el gesto mimético no es de afuera hacia adentro sino de una radical intimidad entre el tono extranjero y el acento regional. No se trata, como en Saer o en Piglia, de los límites coercitivos de la representación, o de los términos excluyentes entre mundo y lenguaje, la imposibilidad del lenguaje por captar y transmitir la experiencia. Como se trata menos de representar que de crear y fabricar, los confines del territorio airiano se extienden o pliegan sin restricciones y juegan, sin tabúes, con el color local. Aunque, insistimos, su operación no sea la del realismo clásico. Podríamos decir que lo que cobra sentido como inocente actuación, es la palabra que realiza y que insiste como letra embrionaria, como lúdica gestación de una verdadera ficción de origen. La obra airiana desconoce, en su inmanencia, los límites entre lo interno y lo externo. Si Aira es indiferente a su división acaso se deba a que su programa literario prioriza el efecto por sobre la causa, vaciando el espesor del concepto y la identidad por el de máscara o disfraz. Así, la palabra asume la necesidad de la imagen fugaz y perentoria que se repone siempre como comienzo. Por eso los extranjeros de Aira terminan donde podrían haber empezado, sin volver a ser lo que fueron alguna vez. Tal es el caso de Duval (*Ema, la cautiva*), Clarke (*La liebre*) y Rugendas (*Un episodio en la vida del pintor viajero*). Al mismo tiempo, los gauchos y los indios dialogan con sus visitantes como si se hubiesen conocido desde siempre. O como en el caso del joven Mariezcurrena, nativo de las pampas (*El bautismo*). Su ser andrógino coexiste con el desdoblamiento identitario que siempre le fue connatural. Hombre o mujer, monstruo o humano, argentino o extranjero; la nominación bautismal queda en suspenso y delegará la definición al devenir de la historia y, como si fuera poco, de la meteorología.

Pero además, las poéticas de Saer y de Piglia, postulan una concepción de la forma desde una actitud vanguardista basada en la negatividad disonante (en el sentido de Adorno), cosa que ya pronunciamos en otro lugar particularizando el caso de Saer (*Narraciones viajeras*). En este contexto, Aira plantea algunas diferencias definitivas, a la hora de posicionarse en la historia intelectual del campo artístico. No sólo organiza una poética de la afirmación, defendiendo el sentido de la literatura desde la posibilidad de explotar en grado sumo la potencia de la narratividad y la invención (así, la eficacia de la literatura consiste en suspender y graduar la movilidad de la fábula); también, Aira se desvía respecto a la noción de universalidad, elaborando una estética que más bien tiene que ver con paisajes y motivos recreados a partir de la ubicuidad de lo viviente (Deleuze, *El pliegue*). Si para Saer o Piglia, Patria, lengua e infancia son los sitios para pensar la identidad, la inventiva desterritorializada de Aira es el sello actualizado de una escritura barroca. La escritura de Aira se constituye por una energía o fuerza de disolución asimilable a la risa de Gombrowicz que destituye los estereotipos por el ícono irrisorio o por la partición del yo, como una suerte de máscaras duraderas, cargadas de ecos y reflejos. Se trataría, quizás, de multiplicidades crecientes en cualquier dirección posible: los disfraces de Aira (como los de Gombrowicz) saltan todos los cercos o límites que impone el buen sentido, en vistas al modelo de la clasificación o la taxonomía.[10] De esta manera, la idea occidental

---

[10] Véase Fernández, *Narraciones viajeras* y "Ficciones".

de identidad, asimilada al individuo, la propiedad y trascendencia se ven abolidas. Y en este "sistema" de incidentes y contingencias, lo nacional en tanto identidad colectiva, coincide con la operación de una registro singular, el misterio de la identidad personal como imagen de hombre o autor. Si es cierto que la cultura nacional de Aira toma un viso oriental es porque el concepto o la idea como tales, dan paso a un motivo básico que moldea su clave formal: las migraciones o, si se quiere, el viaje.

Cuando pensamos en viajes o recorridos, tenemos en cuenta que no se trata solamente de un motivo, sino de una función operativa que involucra, por lo tanto, los niveles de la enunciación (la lengua) y lo enunciado (historias, personajes, etc.). Como tal, el viaje concentra el máximo grado de acción inscribiendo en Aira la potencia transfiguradora del nombre propio. Si Clarke (*La liebre*), Duval (*Ema, la cautiva*), Asis (*El vestido rosa*) o Rugendas (*Un episodio en la vida del pintor viajero*) dan cuenta de un proceso de transformación en lo que hace al punto de partida o de llegada, es porque alteran la medida de la causalidad y la teleología. Clarke es el inglés convertido en indio por revelación de parentesco; Duval es el ingeniero francés que se pierde en la Pampa y que en el fuerte de Azul recupera algo de los modales metropolitanos; Asís es el expósito retrasado que se vuelve juez de paz; y la casualidad deja en sus manos la pequeña prenda que desató tantas intrigas; Rugendas es el pintor alemán vinculado a Humboldt y concluye transfigurado en monstruo. Así, cada uno de esos personajes es como si estuviera compuestos de pequeños yoes que afirman la metamorfosis como movimiento (cambio) y detención (el estado de conexión con cierta instancia identitaria). De alguna manera, esas máscaras inscriben sus huellas sobre el paisaje rural, y en ese mismo mapa se puede leer una concepción del sentido. Si cada nombre es un pretexto para mostrar el fluir distendido y distraído de la experiencia, los rostros y cuerpos envuelven el rastro del cambio: la criptografía del origen devenido casualidad. En las tierras que Aira inventa, no caben los destinos inmutables. En esas expediciones emprendidas, más que trabar encuentro con la alteridad de los otros, los protagonistas parecen hallar en forma fortuita el destino inesperado que llevaban consigo. Alguna vez establecimos una relación entre Aira y Lucio Mansilla (*Narraciones viajeras*); en esa ocasión, dijimos que en *Una excursión a los indios*

## "Vanguardia" y "tradición" en la narrativa de César Aira

*ranqueles*, lo que Lucio Mansilla ponía de relieve, ya, y sobre todo, desde el título, era la trama compleja entre espacio y lengua; no se trata de una in-cursión por tierra desconocida sino mejor, un salir, perderse, para volver después al lugar propio. Escape y evasiva de una peregrinación excesiva en su histrionismo, exenta de privilegios anhelados y amparos políticos, el *excursus* de Mansilla deja ver los remanentes de una conciencia que conjura el menoscabo de su figura. En el viaje de Mansilla, el yo se interna y transfigura pero prevee la vuelta intacta a la ciudad. Sin embargo y en vísperas de un Estado moderno, Mansilla muestra las grietas de un país. La condición es convertir en espectadora a Buenos Aires, que ya puede devolverle a Lucio el centro prometido; el spleen decimonónico que agotó la novedad europea, encuentra en los relatos y descripciones de tierra adentro, el mayor grado de exotismo. Algo de esto queda en Aira, solo que nada vuelve a ser como fue alguna vez.

El viaje en Aira es lo que nos permitiría pensar en la naturalización del procedimiento. Pero a diferencia de Martínez Estrada, Aira no reclama ninguna especie de autenticidad. No la condición, sino la neutralidad y la indiferencia (en el sentido de Blanchot) son las marcas de lo nacional, a costa de todo presupuesto o mirada exterior. Ni internacionalidad, ni intertextualidad; la escritura de Aira crea un nuevo camino, partiendo de la búsqueda (de la cultura) ancestral. La lógica del sentido en César Aira es el resultado de una operación inherente a la escritura, no tiene que ver con un movimiento extraverbal. Por ello no se trata de un criollismo típico o pintoresquista que responda a modelos habituales o legitimados por los usos y costumbres de una cultura estatal. Desde esta perspectiva, la idea de tradición en Aira pervierte los andariveles de la institución. Como el "exotismo" de Aira privilegia un modo de "hacerse el argentino", su concepción de simulacro o acto fingido apela a la frívola simplicidad de ser siempre otra cosa. Idiotas o andróginos; respectivamente, Asís o el joven Mariezcurrena (*El bautismo*) muestran su reves y hablan como si fueran otros (Montaldo, "Entre el gran relato"). La acepción de "hacerse el" supone redoblar la apuesta por mostrar, subrayando el carácter fabricado de situaciones y personajes; por ello el contexto es la literatura misma y, en todo caso, la Historia nacional, pero tamizada por la fábula. Para ello, volvemos al manejo del tiempo que en Aira produce esa extrañeza indeleble; parte de la inmovilidad del mito, por el aire estático y duradero de formas estéticas: mito, como remanente de ciertas formas genéricas, ya que el don de Aira es su taumatúrgica habilidad para recuperar algo de los cuentos de hadas, algo del sortilegio encantado de tiempos y lugares remotos y eternos. Sin embargo, la escritura de Aira también es efímera y fugaz, por lo que el tiempo se inscribe (y valga la paradoja) en el paso fluído, móvil de la duración pasajera. Si las escenas son retazos extintos de la Historia, la cronología airana se balancea entre las ruinas hieráticas del pasado y la clave bufa de sus monumentos. La ley física de su escritura es lo que promueve la velocidad y la aceleración continua de las historias.

## Variaciones sobre el realismo. Lo real y la nación

Los interrogantes que surgen en este trabajo, no solo plantean las relaciones de Aira con el presente de la literatura sino con los restos o los fragmentos residuales que emergen en función de la historia y la cultura argentina. Desde esta perspectiva, se hace necesario volver a revisar teorías y posiciones en torno del realismo para leer con detenimiento qué es lo que Aira guarda de todo ello para su propia escritura. Si algunos pensaron al presente como el fin de la literatura y de los grandes relatos, o como una era etiquetada como posmodernidad, Aira nos hace notar que defiende programáticamente, en ficciones y ensayos, la médula misma de la literatura entendida como invención creativa.[11] Desde este punto de vista, Aira hace de la trivialidad y del detalle fuera de

---

[11] Sandra Contreras ha analizado extensa y minuciosamente las tensiones entre arte moderno y posmodernidad, subrayando el gesto y el hacer artístico de Aira, ligado indisolublemente a la vanguardia histórica y a sus conceptos: arte, estilo, invención, autor. Asimismo, destaca que ese regreso, imposible desde un punto de vista histórico, solo puede darse en la forma de simulacro y de la ficción, en la forma del como si, hacer como si la ficción de lo Nuevo no sólo fuera posible sino también indispensable. Creemos necesario subrayar dos cuestiones: A) Modernidad y Posmodernidad es un debate previo con sus propias dominantes culturales, con sus imperativos académicos y sus modas. B) compartimos la noción de simulacro, pero enfatizamos sobre todo la puesta en superficie que significa el acto artístico, la escena deliberada donde la invención vuelve a crear, en perpetuidad, la actuación como signo deliberado de esa acción. Ese es el sentido que nosotros reconocemos en la maniobra de Josefina, transmitida por la fábula de Kafka. Esa es nuestra interpretación de la lectura que Aira realiza de la misma ("Kafka, Duchamp"). Véase también Contreras.

foco, el inequívoco trazo de su singularidad pero en el sentido de una extremada radicalidad o estado previo al cedazo o la poda que las normas de regulación imparten en la producción literaria. Por un lado, el gesto voluble y superfluo de quien recoge y redescubre elementos heterogéneos para armar una tradición: la Historia o lo actual. Pero los relatos, que casi siempre giran en torno del viaje como motivo clave, se nutren de la mutación de la forma para liberarse, a instancias de un errático destino, de las convenciones automatizadas de los géneros. Así, revisar y poner en otro lugar los materiales de la cultura decimonónica, exigen el máximo de destreza para hacer de lo banal el síntoma intermitente entre diferencia y repetición, entre continuo y variación: paseo, trayecto, deambulación son pretextos, parte del mismo procedimiento para satisfacer las exigencias de los planos, las perspectivas asintóticas, los juegos escópicos. De ese redescubrimiento, de la actitud posesiva y voyeur del coleccionista de siglo XIX, Aira se escurre por las enramadas de la serialización. Y de esa relación entre objetividad y conciencia, construye una aporía en la que el desplazamiento del sentido es lo que define a su singular realismo.[12] Por lo tanto, en este sentido puede decirse que logra dar una vuelta de tuerca al exotismo que los viajeros de antaño buscan para mitigar su tedio, alimentar la inclinación por lo mórbido o apropiarse del sistema experimental del positivismo científico de las primeras décadas. De ahí también, sus sarcasmos que subrayan las frases hechas del racionalismo, haciéndolo girar hacia la ficción de origen de la cultura occidental. Del aislamiento en lo puramente estético y la observación de la realidad sólo como reproducción literaria que caracterizaba a Flaubert, Aira construye una visión de los fenómenos privados (ver por ejemplo el sustrato anecdótico en *Fragmento de un diario en los Alpes* (2002), *El llanto* (1992), *La serpiente* (1997) o históricos como *El tilo* (2003), o sociales como *La villa* (2001), aunque ambas también participan de lo primero, con un alto sentido del pormenor cotidiano que la tradición

---

[12] En una nota anterior, ya hicimos referencia a una noción de lo colectivo desde la óptica de Nicolás Rosa. Ahora, Link plantea una distinción entre serie y colección a partir del principio clasificatorio que le corresponde a la segunda, reconociendo los aportes que realizara Raúl Antelo. Mientras que la serie puede agrupar elementos heterogéneos, la colección tiene que ver con criterios regulatorios y excluyentes, con los órdenes que la Modernidad decimonónica pone de relieve con museos, pinacotecas, parques botánicos (Link, *Como se lee*).

descuidada o relega a un plano más subordinado; el autor argentino, en cambio, hace del deslinde la motivación central de su escritura. El deambular rutinario (que siempre, en algún punto se interrumpe), es lo que marca la dirección de su trabajo artístico, antes que la distinción entre lo alto y lo bajo, o la técnica que une y distribuye los niveles de la estructura social en el facsímil de un producto literario. Por lo tanto, en Aira tampoco vamos a encontrar las circunstancias en las que un autor como Zola presenta las orgías plebeyas bajo el mandato de la moral. Aira se aproxima y adentra con el mayor interés en los sucesos menudos, deslizando el acento sobre la prosa contemporánea, de las prioridades sociales, económicas, históricas o políticas.[13] La importancia que Aira le concede al acto de narrar funda la literariedad misma como inicio de una tradición que tiende a profanar o revertir los principios de un legado que reviste un sentido superior para el género. Así podemos leer la creación airana ante todo como operación manual de un novelista que esmalta sus

---

[13] *Mímesis* de Auerbach traza a lo largo de tres milenios la historia de la representación poética de la realidad en Occidente, delineando las actitudes del escritor ante los sucesos humanos, mostrando cómo se refleja el cambio de visión en la literatura. Tal como el autor expone en su epílogo, el libro se basa en la interpretación de lo real por la representación literaria o "imitación", concepto que retoma del planteo platónico en el libro 10 de la República y de la pretensión de Dante de presentar en la Comedia la realidad. Pero es con el realismo moderno presentado en Francia a principios del siglo XIX, que la concepción literaria de imitación de la vida se desliga de las antiguas formas, cuando Stendhal y Balzac convierten a personas comunes en objetos de representación seria, problemática y hasta trágica. Ellos aniquilaron la regla clásica de diferenciación de niveles. Antes, igual en la Edad Media que durante el Renacimiento, hubo también un realismo serio; había sido posible representar los episodios más corrientes de la realidad bajo un aspecto serio e importante, tanto en la poesía como en el arte plástico: la regla de los niveles no tenía validez universal. Aunque sea diferente el realismo de la Edad Media del realismo contemporáneo, esto da cuenta de que la brecha la introduce la teoría clásica. La idea de que la novela es la forma más adecuada para representaciones liberadas de la interdicción de la pobreza, indica que la auténtica novela realista es la sucesora de la tragedia clásica. Así, el cientismo de los Goncourt que resuena ya en Balzac, muestra que la novela es el género más apasionado y vivo del estudio literario y la investigación social, comportando a su vez, su forma más seria. Asimismo, la irrupción de la mezcla estilística provocada por Stendhal y Balzac, no se detiene ante "el cuarto estado" prosiguiendo en cambio hacia la evolución política y social. El realismo tenía entonces que abarcar toda la realidad cultural de la época, en la cual reinaba todavía la burguesía pero, las masas comienzan a amedrentarla al tomar consciencia de su función y su poder. Sin embargo, hay otras manifestaciones artísticas del realismo (la vertiente escandinava representada por Ibsen, por ejemplo), además de la concepción seria y grave de lo cotidiano que podemos leer en el realismo ruso (Tolstoi, Dostoievski), bajo las prescripciones de un concepto cristiano partiarcal que nada tiene que ver con la burguesía racionalista, activa que asciende al dominio económico y espiritual y que constituye la base de la cultura actual.

obras sobre el atanor de las cosas verídicas y maravillosas. De ahí el uso del pretérito imperfecto que adapta a sus propias necesidades las fórmulas estereotipadas de los cuentos de hadas: "Había una vez", así como la felicidad de los finales remeda el brillo de lo nuevo, el goce del objeto que nunca visto se presenta a nosotros como visible y perteneciente al mundo de lo real. Para Aira, lo real es aquello que da forma a lo literario mismo, a la narratividad que da cuenta de su verdad independientemente de la imperativa jerarquía de lo fáctico por encima de lo ficticio; por ello, también puede reconocerse su destreza en los ciento ochenta grados que el símil recorre, prescindiendo de las preceptivas de la adecuación que ya no indican la cercanía o el alejamiento de la verdad según los criterios del sentido común.

Si Aira nunca abandona el estado de vigilia, la región de lo ficticio cobra vigor en cada una de sus advertencias; porque si hay algo que nunca se salta, es el cerco de lo literario que en su ínsito deseo convoca el germen de su creación: Aira construye y modela al lector sobre la lógica del niño, sólo que lo libera ahora de todas las renuncias que la tradición de lo extraordinario imponía con las moralejas.[14] De ahí, incluso la función del pretérito, que en sus variantes de imperfecto a pluscuamperfecto sugiere la inmovilidad eterna de su existencia de fábula; esto lo muestra bien un texto de materia rural como *El vestido rosa* (1984). También, podemos mencionar otro ejemplo mucho más reciente, que desarrollaremos más adelante: el bondadoso joven protegido y salvado por hadas y duendes. Sólo que no se trata de Grimm, de Andersen ni de Perrault sino del musculoso Maxi amigo de los cartoneros que habitan la villa del Bajo Flores, en una de las últimas y más audaces novelas de Aira: *La villa* (2001). A esta altura de la cuestión es casi innecesario declarar que la obra de Aira no persigue ninguna finalidad catártica, ninguna medida por la que el lector logre fáciles identificaciones. Siempre dispone de alguna señal para recordarle que está frente a o dentro de la literatura.

---

[14] Las fórmulas fijas: "Erase una vez", "Fueron muy felices y tuvieron muchos hijos", encierran el cuento entre paréntesis señalando la perpetuidad del paso entre lo verídico a lo maravilloso y a la inversa. El narrador debe mantener despierta la atención del niño, puntualizar que se trata de un cuento por medio de palabras inesperadas. En este sentido, el hada es la encarnación misma de la inverosimilitud. Ya que no se trata de creer en las hadas; están ahí para que no se crea en los cuentos (Butor 101).

Y aunque eso sea lo que mejor define "lo real", Aira es un autor que tampoco prescinde de aspectos documentales que dan cuenta de una organización de la realidad con respecto a su problemática representación. De esto, *La villa* es una muestra cabal pero también, junto a textos como *El congreso de literatura* (1997) o *La guerra de los gimnasios* (1993) son ejemplos de microespacios, lugares donde las situaciones encarnan un singular vínculo con lo actual y con una fracción de la sociedad, donde el narrador acorta las distancias temporales volviéndose hacia una relación más inmediata. Textos como *Ema, la cautiva* (1981), *La liebre* (1991) y, desde una iluminación lateral *Un episodio en la vida del pintor viajero* (2000) dejan entrever lo real desde un arco histórico (s. XIX). En *La luz argentina* (1983) o *Un sueño realizado* (2001, narradas en tercera y primera persona respectivamente), lo real cobra vigor en la magia de lo cotidiano, en la desmesura de la paradoja que ilumina la eternidad en el instante. Si bien es cierto que, al decir de Silvio Mattoni, el modo de narrar difiere entre novelas, hay un hilo que cambiando de aspecto, tamaño y espesor atraviesa por igual cada uno de los textos: la lógica desplazada como materia y soporte de la narratividad, el sentido como posibilidad combinatoria. Los libros de Aira son mónadas que cuentan un mundo infinito en su planimetría puntual. En este sentido cada uno responde a una dirección que lo identifica respecto a un todo (Aira atropella el sentido común y desarma los mecanismos racionales: por lo común sobreviene una situación catastrófica donde el delirio y lo desopilante son elementos protagónicos). Esto ocurre en mayor o menor medida en la generalidad de su obra. Pero también cada uno se diferencia en la historia que narra, en los mundos que construye, evitando de este modo los vasos comunicantes que ligan los textos al modo de la saga.[15]

---

[15] En este sentido nunca podría confundirse a Aira con Balzac. En el francés es recurrente la reaparición de los personajes, que mantienen reconocible su identidad aunque cambien su función y posición en las novelas, siendo además cada una de ellas dependiente de la lógica estructural que da forma a *La comedia Humana*. Eso mismo es lo que otorga importancia notable a la relación de la novela con la realidad, ya que no solo reaparecen personajes ficticios sino también los reales, de quienes el autor no agrega casi nada además de la referencia necesaria para puntualizar la época en cuestión. Pero debe reconocerse en Balzac el influjo que ejerció sobre toda la novelística posterior, a partir de la conciencia por la técnica que demuestra en su escritura (Butor).

## "Vanguardia" y "tradición" en la narrativa de César Aira

Desde esta perspectiva, podemos pensar la obra de Aira en su conjunto como una relación entre invariante y variable, relación adecuada para comprender el funcionamiento dinámico (y no sólo la estructura estática) de la obra como sistema. Desde su punto de vista creativo como artista contemporáneo, Aira procede por fabricación de obras-detalle, válidas en sí mismas. La cultura de masas que Aira hace ingresar en la escritura desde sus comienzos, está implicada con las nuevas tecnologías que nos proponen renovadas maneras de entender el detalle y el fragmento (el cómic, el folletín, la literatura popular en *Moreira* o *El bautismo*; la comunicación de masas en *La mendiga* o *La villa*, concretamente la televisión).[16] Una operación que define la obra de Aira es la acción de detallar, realizando un discurso que prevé la aparición de marcas de la enunciación, es decir, de la instancia que localiza al yo en el momento y el lugar en los que la enunciación se concreta; se trata de indicios acerca de la situación del sujeto que pronuncia su perspectiva por lo que podemos percibir la existencia de un sujeto-mirada que gradúa la velocidad de la visión. Incluso la naturaleza de dicha operación detallante, o mejor aún su función, se manifiestan en el entero de la obra en la cual, el narrador tiene como objetivo mirar más dentro del todo. De este modo, la función del detalle que es cada libro, radica en el descubrimiento potencial de caracteres que atañen a la obra en su conjunto.

Uno de los problemas que plantea la literatura rural de Aira es, entonces, la noción de nacionalidad y su relación con la Historia. Como la idea de nación está asociada al concepto de Estado Moderno, nos pareció productivo pensar el concepto de error y de olvido sobre los

---

[16] La constitución de un nuevo estilo y de una nueva estética, hay que considerarla como dinámica de un sistema, que pasa de un estado a otro reformulando las relaciones entre sus invariantes y los principios por los cuales se pueden considerar variables los elementos no pertinentes al sistema mismo. Incluso, la observación de criterios de pertinencia según los cuales se actúa por detalles o por fragmentos, puede decirnos algo sobre cierto gusto de época al construir estrategias textuales, sea de género descriptivo, como de género creativo. En este caso, la divisibilidad de la obra en términos generales muestra la posibilidad de nombrar cada una de las novelas como detalle o fragmento. La función específica del detalle, por tanto, es la de reconstruir el sistema al que pertenece el detalle, descubriendo las leyes que precedentemente no han resultado pertinentes a su descripción. Conste como prueba el que existen formas de exceso de detalle que transforman en sistema el detalle mismo: en este caso se han perdido las coordenadas del sistema de pertenencia al entero o incluso el entero ha desaparecido del todo (Calabrese).

que reflexiona Renan;[17] en esta instancia analizamos estas nociones en función de una literatura que hace del azar y la contingencia, la lógica de articulación entre el mundo arcaico de la fábula y del mito y la modernidad histórica, que en el campo argentino se vislumbra a partir de las campañas al desierto de Roca y las expediciones que emprenden los europeos (Montaldo, "Entre el gran relato"). Error y olvido es lo que en Aira genera la torsión de la causalidad provocando la emergencia de la letra como síntoma del inconsciente.[18] Pero sin duda es el prisma de la narración y la inventiva aquello que dota de sentido a las marcas de lo nacional. En este sentido, la narratividad de la literatura airiana consiste en remontar las anécdotas a un tiempo inmemorial, a una especie de clima arcaico logrado por el modo verbal del relato; el pasado continuo pierde los orígenes generando el efecto remoto y evanescente en presencias, no obstante reales. La idea histórica de nación que se consolida en Occidente, implica una compulsión cultural sostenida por una unidad imposible.[19] Sin embargo, esa alternancia entre velocidad y lentitud no solo inscribe los ritmos de Oriente y Occidente sino que parece tomar

---

[17] En la antigüedad no existe el concepto de ciudadanía. Lo que cuenta a partir de la Modernidad —y la Revolución Francesa es un punto de inflexión— es la fusión o la unidad de los elementos que componen la soberanía territorial. La idea de nación es, por lo tanto, relativamente nueva en la Historia y un factor que la determina es el olvido o si se quiere, el error histórico (Renan, "¿Qué es una nación?").

[18] Nos fue imprescindible la reflexión sobre la noción de *uso* que emprende Rosa a propósito del empleo de la literatura en la circulación de los discursos sociales. Como toda práctica, engendra efectos e innovaciones que devienen de una economía de ahorro y desgaste. En este sentido, la cultura deviene letra, desde la diversidad de sus rituales ciudadanos, de sus charlas sociales, de sus registros políticos, en definitiva de toda impulsión oral. La agauchada idea de *botica* y *almacén* con las cuales Rosa comienza su libro nos sugiere la pertinencia de una relación entre gauchesca y vanguardia, tal como se produce en Aira (*Usos de la literatura*). Respecto del olvido, adopta una perspectiva metonímica y metafórica, una suerte de anáfora primordial que opera como significante a partir de la lógica de la alusión/elusión. Estas reflexiones se conectan con el *trabajo* del *inconsciente* y a su función de causa, que por el examen filológico que Rosa emprende con el latín y el francés, reenvían a la noción de *cosa*. A partir de aquí, nosotros queremos subrayar algo que nos va a ocupar a lo largo de todo este trabajo: la perspectiva material de la literatura o, mejor, de la escritura (Rosa, *El arte del olvido*).

[19] Homi Bhabha apunta a la ambivalencia del término "nación" ya que su temporalidad cultural asume una realidad social mucho más transitoria de lo que parecen pensar los historiadores. La hibridez y complejidad del concepto se avienen con la metáfora del Janus moderno, a tono con la perspectiva del signo multiacentuado y con la significación en proceso, no acabada, de la Historia y los emblemas culturales ("Narrando la nación").

la fuerza simbólica de una forma verbal que amenaza la unidad bajo los efectos de una mirada alegórica. La argentinidad de Aira es el eslabón perdido que sirve a la obra incompleta de la civilización; así liquida sus certezas, desde sus mismos presupuestos lógicos, más dispuestos como las piezas de un juego de lenguaje que como tácticas políticas de la ideología. Encontrar cómo está escrita la nación en la literatura airiana supone sintonizar con la idea de diferencia en el lenguaje, mantener el misterio o el enigma de los acontecimientos que en Aira pierden transparencia y valor pedagógico, volviéndose imágenes microscópicas. La "localidad" de la cultura nacional, el elemento que roza lo pintoresco y la costumbre aún para deformarlas, no es unificada; tampoco plantea un contraste o una oposición con lo que está afuera o más allá de ella. La diferencia en Aira opera como figura quiasmática, como frontera que erradica la doméstica familiaridad por los festivos residuos de la barbarie. La pampa y Europa se entreveran en una sintaxis narrativa que prevalece por encima de lo puramente semántico. El efecto que depara la escritura será entonces la inestabilidad (Derrida). Volviendo a Homi Bhabha, lo que surge como efecto de semejante significación es el proceso de transformación de límites, bordes y fronteras en espacios "entre", diríamos en intersticios o grietas en los cuales los significados de autoridad cultural van perdiendo peso y consistencia, se desestabilizan. Es el lenguaje de Aira lo que manifiesta que la otredad no emerge como realidad extraverbal, ni puede ser trascendida o superada dialécticamente. La narratividad de Aira consiste en la artesanía de la escritura, la joya de la letra legada y recibida en el rito cultual de los ancestros y en la massmediática conciencia del presente —tal como lo prueban el cine y el folletín, por ejemplo—. En el marco de la tradición, Aira repone los fragmentos dispersos o monumentalizados de las ficciones de la oralidad, allí donde los diálogos entre personajes o las reflexiones y comentarios del narrador terminan por componer una arqueología de lo nacional.

Podría decirse que en Aira habría que partir de una física de lo real, de la materialidad de la existencia debida a los imperativos de contar un suceso. Lejos de la opción entre vivir y contar, Aira resuelve la metafísica existencial con que Jean Paul Sartre impregnó literatura. En Aira, no hay presupuestos que sirvan de modelos a lo narrable. Como si en Aira la anécdota fuera el soporte del dibujo, el mandala o la puesta en escena del acontecimiento en su radical visibilidad. Teniendo en cuenta la concepción material, física del arte y la vida, más la invención del vacío colmado con acción y peripecias, creemos que se puede considerar a Aira un narrador barroco. El trabajo de artesano sobre el detalle, la miniataura alhajada o el germen a partir del cual se produce la acción, la historia, traman la textura plisada sobre la cual se complementan lo grande y lo pequeño, el afuera y el adentro. En Aira no hay ni sentido ni lugar común. La historia, realizada sobre la nada, respalda al tiempo y, en el sistema de inclusiones (del autor, del narrador, del lector y del personaje), el tiempo queda envuelto en el espacio formando un pliegue consustancial al campo y la ciudad. Desde una perspectiva barroca, esto es, la puesta en escena del artificio, la representación del nexo entre obra y artista reclama la incidencia del espacio, para completar, aún de manera inacabada, la construcción del mito "personal" del escritor.

## Excentricidad y contracanon. Aira en sus precursores

Uno es argentino exiliado en Francia. Otro es polaco refugiado en la Argentina. Respectivamente, Copi y Gombrowicz pertenecen a esa especie de categoría de autor que opera como modelo en Aira, sobre todo teniendo en cuenta la relación entre literatura y vida. Más aún, la construcción del mito personal se arroja desde una figura que elige merodear y distanciarse complementándose con una escritura que hace del viaje su motivo predilecto. Lo que hace insoslayable la mención de estos "precursores", es que el viaje es menos un tema que cláusula de una mutación, la variable operativa y el pretexto para arrastrarse en una corriente sin regreso. Si hay un resultado en esta escritura sin trabas ni recetas encorsetadas, es la simetría invertida o la equidistancia mal calculada, allí donde la traducción o el pasaje de lenguas pone de manifiesto.el "conflicto" entre zonas: los personajes y las situaciones no "suenan" argentinos pero tampoco extranjeros.

Tomemos como ejemplo la *Eva Perón* de Copi.[20] El centro de la acción se coloca como dato histórico, como elemento fáctico o "verídico": el cáncer. Sin embargo, lo que en el imaginario nacional constituye el mito de la necrofilia, aquí es planteado como artimaña, como mentira despiadada y obscena banalización del cuerpo. Estamos tentados con afirmar que el cáncer de la Evita de Copi es la metáfora tan perfecta como blasfema de la monstruosa metamorfosis de la naturaleza, tan ajena al concepto de armonía que estableció el Humanismo. Metáfora, y también metonimia de una textualidad que condensa la fuerza de su significación en la risa y la deformidad. Es la estratagema inmotivada, el modo de producir realidad en la misma falta de justificación. Prescindencia de causalidad, se podría decir que precipita (que acelera) no obstante el curso de los sucesos. Por otro lado, la fisonomía de los "personajes", o mejor dicho, "actores" habla a las claras de una estridencia que contornea poses, actos y gestos, dotando de sentido a la textualidad o inscribiendo otros modos de "lo real" –eso que suele llamarse "ilusión referencial"–. Acá se subraya la actuación, la puesta en escena no de conflictos sustanciales sino del maquillaje que tiñe presencias tan vacías como reales, estrepitosas en su oquedad. Estas dos líneas confluyen en otro punto que es, me parece, clave en la estética de Copi: la "lógica" de los efectos (que es lo que genera la singularidad como impronta, los acontecimientos y sus

---

[20] Para las traducciones del texto ver Simón. Cortés Rocca y Kohan reconfiguran la literatura argentina armando una serie textual a partir de la imagen de Eva Perón y realizan un detallado análisis, que recorre autores como Jorge Luis Borges, David Viñas, Rodolfo Walsh, Mario Szichman, Néstor Perlonguer, Tomás Eloy Martínez y Abel Posse. De igual modo, en la nota prólogo a la pieza teatral *Eva Perón*, Jorge Monteleone indica una serie textual, que incluye, entre otros textos, el de Copi, y que según el crítico recorrería los relatos "El simulacro", de Jorge Luis Borges, "La señora muerta" de David Viñas, "Esa mujer" de Rodolfo Walsh, "El único privilegiado" de Rodrigo Fresán, los poemas "Eva Perón en la hoguera" de Leónidas Lamborghini y "El cadáver de la Nación" de Néstor Perlongher, el guión de José Pablo Feinman "Eva Perón", las novelas *A las 20.25 la Señora entró en la inmortalidad* de Mario Szichman, *La pasión según Eva* de Abel Posse, *Roberto y Eva. Historia de un amor argentino* de Guillermo Saccomano y *Santa Evita* de Tomás Eloy Martínez. A nuestro modo de ver, Copi y agregaría Perlongher, abrirían otra serie, tanto desde lo semántico como desde una perspectiva material y significante, por su carácter netamente violento en relación a los parámetros de la representación. En ambas traducciones se perciben los ecos rioplatenses tamizados de una distancia sin punto de referencia precisa. Así, pueden rastrearse los ruidos de una vocinglería popular que incluye a Arlt y a Puig (Monteleone).

devenires que signan la provocación de sus textos). Una primer escena marca su escritura, esto es, la construcción de la lengua, del lugar de enunciación. En este sentido, la acción que regula el movimiento (desvío o desplazamiento constante debería decir), es el contacto con la materia verbal, que el texto presenta transfigurada de modo inmediato y veloz. En la visualidad inherente al teatro, el movimiento de las máscaras y no de los personajes, es lo que deja ver ese extrañamiento en tanto forma, trabajo y resultado, proceso que muestra una suerte de hibridación (o mejor, un travestimiento cultural): del rioplatense al francés, del francés al argentino. Los giros del idioma no dan cuenta de esencias sino de simulacros. El distanciamiento de la lengua materna (la traducción); el presentar como por vez primera el mito popular como una historia –histérica– actuada (y no contada), una historia que deja ver en su despliegue, costuras, zurcidos, reveses de la trama histórica, esto es, el otro lado de la invención el que, deliberadamente ostenta su condición artificial. Eva Perón –blasón de los humildes, nombre sagrado de los desposeídos, profanado por la oligarquía nacional– transmuta valores, morales, saberes y géneros –en tanto escritura y sexualidad–. Si algo encarna la Eva de Copi es la mentira extrema, desconocida, nueva. Perón, por otra parte, no corresponde al imaginario nacional. Se vuelve fantasma, impotente, dominado, inerte. La voz de la Patria se vuelve fraude. Y cuanto más se devalúa en su desgaste excesivo (explosiones de furia, de dolor, de extravío), más despliega su potencia inaugural, la ínsita radicalidad que nos permite abrir una nueva serie y no continuar con la que propone Monteleone. Copi abre el juego a otra cosa, lo nuevo por definición, la violencia de lo incondicionado. En la segunda traducción, del francés al rioplantense, Simón y luego Monteleone dejan palpar los ecos de Puig, de Arlt, del folletín. Lo nuevo, acto y gesto de ruptura, se coloca frente a la iconografía estandarizada, esa que está asumida en la conciencia colectiva de la Nación. La palabra de la mujer Patria seduce, engaña y asesina poniendo en crisis los límites de lo legible para señalar, en cambio, una zona de inflexión entre lo verídico y lo verosímil (cosa que podríamos apuntar a propósito de las acepciones del concepto de "leyenda", que involucra cierto equívoco entre lo real y lo ficticio. Así, lo legendario, no es otra cosa que la suma de lo que se dice, algo que no depende de la existencia o inexistencia de aquel personaje con aura de gloria (Foucault).[21]

El caso de Gombrowicz es similar y es quien mejor nos reenvía, desde la "literatura", a la escritura filosófica de Nietzsche, permitiéndonos algunas reflexiones sobre algunas de las cuestiones teóricas que indicábamos. Especialmente, se trata de pensar la intempestiva actuación de Aira en el seno de la literatura. Mezcla extrema de astucia y arrogancia, la ironía y humor negro de Zaratustra oponen la repetición a las generalidades del hábito y a las particularidades de la memoria. Desde esta afirmación, es posible establecer una relación entre los mencionados, sobre todo teniendo en consideración la sofística vital que Nietzsche desarrolla para profanar las costumbres establecidas y ostentar una abierta repugnancia por los hábitos encadenantes de la admitida moral general. Pero si los caprichos, herejías y hostilidades alcanzan la mirada solitaria que desliza el anhelo por la lejanía, Nietzsche realiza la transmutación de los valores superando la mera contraposición de los principios. La belleza aparente se agota y estremece por la lacerante tensión de las formas, por la alianza fraternal y básica entre la medida, la individuación y lo informe; lo frenético, lo cruel y la embriaguez. De esta implicación mutua procede la repetición que reabsorbe y subsume la risa primordial de las réplicas cósmicas por las que Apolo habla el lenguaje de Dionisos y la mirada jánica se vuelve hacia atrás y hacia adelante, para desenmascarar el resentimiento y la humillación contenidos en la religión y la cultura. En el desprecio cruel por el rebaño, alienta la destrucción intempestiva de las costumbres, vaciando el horizonte humano de sus embustes corales a favor de la voz, solitaria y superior. Y en la polaridad unívoca del mundo, Nietzsche prefigura su concepción fundamental del juego –indispensable para leer los libros de Aira–. En la grandiosa metáfora cósmica, sitúa la simultaneidad de lo uno y de lo múltiple.

> Un regenerarse y un perecer, va construir y destruir sin justificación moral alguna, sumidos en eterna e intacta inocencia, sólo caben en este mundo en el juego del artista y en el del niño y así, del mismo modo que juega el artista

---

[21] Si se trata de un héroe que realmente existió, la leyenda lo recubre con tanto ornamento, lo enriquece con tantos atributos imposibles que el personaje se convierte casi en fruto de la invención.

> y juega el niño, lo hace el fuego, siempre vivo y eterno; también construye y destruye inocentemente (*La filosofía* 68)

Perseguidor de sendas múltiples, el "espíritu libre" de Nietzsche percibe la disonancia de la humanidad haciendo suyo el carácter experimentador, viajero y audaz que los signos de interrogación siembran a lo largo de la vida.

Ahora bien, volviéndonos a Gombrowicz, decir que su escritura asume un culto por la realidad, es aceptar su dimisión de cualquier intento y tendencia anquilosados por clasificar los libres caminos de la forma. Con una aptitud camaleónica para el modelado indefinido, semejante a las "figurillas de gutapercha", su imagen de autor se construye en la obra, la que a su vez se convierte en el propio yo, como algo arrastrado al fárrago del grotesco demencial. Si, al decir de Gombrowicz, el arte nace de las contradicciones, las antinomias de realidad-irrealidad, inferioridad-superioridad, amo-criado, escalonan una alquimia secreta y liberadora en el culto del absurdo, en el torbellino intenso y vital de un artista comprometido con la dialéctica de la provocación. Las tensiones y los encantos frente a los hechizos crueles por la muerte y el azar sólo admiten un modo de traducir las tensiones artísticas: la autenticidad –y esto es lo que le interesa a Aira–. Es, entonces, la experiencia inmediata, directa, de una explosión común entre la "Discordancia, lo Informe y la Disolución", el choque entre formas inconciliables que niega el acceso a una fórmula de interpretación. Si es posible dotar de alguna dirección o sentido a Gombrowicz, la escritura cifrada es una clave que permite instrumentar la estrategia conspiradora, los atajos del complot criminal que vislumbra la moral del artista como una necesidad impostergable, más allá del bien y del mal. Así, los personajes se convierten en directores de escena y asesinos que hacen de sus actos juegos y peripecias del goce estético, condimentos sin razón aparente, allí donde tan sólo el dinamismo creador y la imaginación abren innumerables aventuras de la Forma (un dedo dentro de la boca del ahorcado, con el sabor a sangre de un joven muerto). La serie de situaciones inconexas y embrionarias que escanden el ritmo del todo constituye además el conjunto de una obra a la cual Witold está dispuesto a admitir como continua pero, sobre todo, como la afirmación de una personalidad en el deslizamiento sobre los estragos de lo abyecto y lo anormal. En el fondo, se trata de la defensa de una concepción personal y literaria del arte como parodia. Así como entiende la lógica del despropósito como parodia del sentido, el estilo sondea las posibilidades de hacer arte a partir del juego de imitación –una y otra vez la repetición–. Entonces dirá Gombrowicz, "el arte juega al arte", donde la parodia va a arrancar a la Forma de su gravedad, permitiéndole transitar por los caminos de la patología, por el curso opaco y tumultuoso del sentido. La Forma consiste así en un proceso siempre renovado y renuente a aceptar divisiones entre teoría y práctica (Nietzsche, *Genealogía* y *El viajero*).[22]

Sobre Ezequiel Martínez Estrada

Aira festeja la cosmética y el tatuaje sobre los emblemas del canon. De modo que plantea diferencias notables con la perspectiva hermenéutica de Martínez Estrada, a pesar de reponer en sus fábulas las figuraciones que aquel reconocía como lo mejor de nuestra literatura. Con el propósito de comprender mejor estas redes, con sus aproximaciones y distancias, intentaremos examinar de manera sintética el pensamiento de Martínez Estrada.

Revisar, releer, volver a mirar implica asumir una postura siempre nueva y crítica frente a un objeto que se considera perimido, cristalizado en una cultura sostenida por factores de falsificación y deformación. Tal es el objeto de discusión en *Para una revisión de las letras argentinas*, su libro póstumo editado y compilado por Enrique Espinoza, en 1967.[23] Ello explica que la cultura esté puesta entre paréntesis; síntoma y clave de los disfraces que maquillan el verdadero rostro de un país, la realidad argentina se oculta en una fisonomía cribada por medio de la inicua práctica del trasplante, por la importación de un cosmopolitismo o una universalidad que sólo se conforma con adoptar las poses de la

---

[22] Un libro que nos ha interesado como una perspectiva amplia de Nietzsche es el de Eugen Fink, *La filosofía de Nietzsche*. Con respecto a Witold Gombrowicz sugiero además de *Transatlántico* y *Ferdydurke*, su trabajo con De Roux.

[23] En 1959, Martínez Estrada fue quién le propuso a Espinoza trabajar conjuntamente en una relectura de las letras argentinas. Asimismo se deja constancia en la nota inicial que, con la excepción de las páginas sobre Groussac, nada de lo publicado es inédito (*Para una revisión*).

civilización. Con un replanteo del panorama literario, el célebre ensayista vuelve a viajar por la cartografía de una Argentina dramática, repensando el territorio de la cultura a partir de la coacción y violencia ejercidas sobre las leyes telúricas, conflicto fundante que ya había diagnósticado treinta años atrás con *Radiografía de la Pampa* (1933).[24] Ahora, las letras son el objeto de su indagación y sin embargo vuelven los planteos que fueron el soporte de un texto hecho con saberes heterogéneos (historia, literatura, psicoanálisis, filosofía), con intuiciones tan hiperbólicas como acertadas. Su base consistía en lecturas de procedencias disímiles (Freud, Nietzsche, Spengler, Keyserling). Martínez Estrada es categórico y obsesivo con un modo de leer circular, insistente e incisivo en lo que respecta a los efectos irreversibles de la Conquista; pero además entra en este juego el proyecto que los intelectuales ilustrados instauraron a partir de ese condicionamiento primordial. Así, con una cosmética antihispánica y con gestos independentistas, Echeverría y Sarmiento orientan la conciencia de lo nacional a través de la importación cultural, torciendo las procedencias ontológicas de lo nacional a través de la importación cultural, de las consignas y valores auténticamente patrióticos.[25] Por lo tanto, la estrategia de enunciación de Martínez Estrada va a marcar un punto de viraje en lo que hace al canon literario porque a partir de allí volverá a mirar la cepa ideológica, el perfil político de un territorio reconfigurado desde la tradición del vacío y del margen. Su actitud característica será poner

---

[24] En este libro, Martínez Estrada hace del viaje la materia paradójica de la conquista, según la cual el extranjero resulta finalmente vencido por la tierra. Desde los componentes espurios y brutales de los aventureros soñadores, el ensayista construye la genealogía telúrica que prolonga la simiente del ludibrio y el escarnio en la etapa poscolombina del descubrimiento, afectando la constitución racial del continente mediante el proceso irreversible del condicionamiento y las determinaciones. Con una escritura metafórica y enigmática, el pensador argentino traslada desde América a la Pampa la historia errónea de las utopías, por lo que concentra en el suelo vernáculo su esencia, la realidad imposible de modificar. Esto guarda sólo una respuesta a las precarias y ambiciosas obras de los hombres: la maldición. La "radiografía", por lo tanto, consiste en un modo u operativo de lectura que en Martínez Martínez Estrada funciona como desmontaje de las "ficciones de cultura" disociadas de la auténtica realidad americana, trazadas como falsa escala de valores y jerarquías en torno al tráfico y la posesión de la tierra.

[25] Jaime Rest observa cómo Martínez Martínez Estrada logró crear una fascinación generalizada con respecto al ontologismo negativo de sus tesis y, cómo, a la vez, impulsa contra sí mismo, la ira de la generación siguiente, la de los escritores "parricidas". Son estos los que responden a los legados basados en una noción de inmutabilidad, de la imagen de un país sin futuro que no condice con la visión atenta al fluir de la historia como proceso dinámico.

en debate las concepciones míticas y anquilosadas del discurso nacional, sacando desde el fondo mismo del suelo y del tiempo la cara real de la idiosincrasia argentina. En este sentido, nuestro primer rasgo, al parecer, es la inmadurez que, paradójicamente nos viene de la Independencia, tal como habían podido advertirlo Marcos Sastre y Paul Groussac. Actitud ladina de "remedadores y plagiarios", esta farsa de origen emerge en los textos que circulan faltando a la realidad, según la cual debería orientarse el parentesco entre historia y literatura. Nuestro autor lo dice claramente: su propósito revisionista es valorar la autenticidad y, correlativamente, resituar desde una mirada crítica y distante, la cultura de cenáculo cuyos juicios en procura de la civilización, no han hecho otra cosa que derivar en un "potlatch". Nuestra cultura, entonces, está valudada sobre la falsedad y la apariencia cuya legalidad jurídica convalida sin embargo sus símbolos y convenciones.[26] Los pactos y alianzas áulicos contaminan la verdadera naturaleza del sistema y definen así el lugar que las letras van a ocupar en instituciones que nacieron maleadas. Martínez Estrada adopta una perspectiva hermenéutica la cual da forma a un modo de leer ocupado en descifrar los sentidos concebidos como enigmas de nuestra realidad social. De esto, precisamente, nos apartó el crédito y legado de Echeverría, Sarmiento, Alberdi y Mitre, a quienes tampoco les quita el mérito de ser grandes escritores. Por ello y más allá de la interpretación obsesiva, debemos tener en cuenta los vaivenes argumentativos, la inversión y el oxímoron que sostienen su forma ensayística. Con la excepción de José Hernández, Guillermo Hudson, Florencio Sanchez y otros casos esporádicos, nuestra literatura sustituye a la realidad de la vida con los autores consagrados cuyo nombre se escribió con tinta de asuntos públicos. La generación del 37' signa el envés de la conciencia libada a

---

[26] Nos ha resultado más que útil consultar a Beatriz Sarlo quien señala la articulación de los temas ideológicos, constituyentes del problema argentino. Es interesante cotejar su enfoque, centrado en *Radiografía de la Pampa*, con la reposición de preocupaciones nucleares en *Para una revisión de las letras argentinas*. Sarlo advierte el eco del positivismo en las argumentaciones raciales que rigen la interpretación de la historia, así como la oposición spengleriana entre Naturaleza y Cultura, por la cual Martínez Estrada inscribe, en el origen y destino de América, la tragedia de un mestizaje mal compuesto y contrario a la civilización. De esta manera, la crítica recorre los caminos del pensador por la anarquía y el vértigo que moldean la cultura argentina, disimulada y superficial, puesto que la importación y el trasplante solo dejan que en su fondo anide lo siniestro y la máscara de espejos deformantes ("La imaginación histórica").

la sombra de un narcisismo empedernido. Pero son estos mismo autores los que Martínez Estrada toma para describir el destierro, el desarraigo y la muerte, destacándose así la incidencia paradojal con que opera su reflexión y su lectura. Son ellos mismos quienes, desde otro extremo, en la otra orilla de Hernández y Hudson, dejan ver una grieta, la fisura que abre el "complejo de la ocultación" entre el trauma de la Conquista y la Revolución emancipadora. Revelar la verdad con los documentos fehacientes de las letras y las palabras, se convierte en destino trágico, revelando así el vacío, la carencia, la falta de obras que hablen de la vida y de la cotidianeidad, sin la ominosa vergüenza de ser nosotros mismos. Desde Moreno, Rivadavia y San Martín hasta Echeverría, Sarmiento y Alberdi, emerge la condición material del destierro esencial. Nuestra vida y nuestra literatura componen un origen y destino alabeado y evitan reflejar una historia tanto doméstica como étnica, suprimiendo así a nuestros personajes de frontera: el indio, el mestizo, el gaucho. En este punto es cuando su filiación con el positivismo incorpora otro nombre en su sistema de citas: Ramos Mejía. Esas figuras que encarnan a las víctimas de la usurpación y el exterminio, son sin embargo los verdaderos protagonistas en el drama de la Organización Nacional, de cuyo relato y composición se ocuparon la versiones apócrifas desarrolladas dentro del sistema colonial de obediencia. Esto es lo que soslaya un "poeta patriótico por antonomasia" como Bartolomé Hidalgo, cantando para una patria delimitada por España y la Corona. Según afirma Martínez Estrada, los diálogos de Hidalgo fueron ingresados por punción ya que las gentes del interior no llegaron a absorber naturalmente el pensamiento revolucionario. La real existencia fue esquilmada, los hombres extirpados y los cantos festivos y celebraciones se realizan así sin conciencia ideológica. La verdadera historia de la gente humillada se convirtió en tabú. De este modo, la estrategia de la relectura consiste en diseñar un movimiento pendular con un objeto que traza las líneas configurando el mapa de una nueva tradición.[27] Ese modo de leer va a

---

[27] Montaldo analiza el desarrollo del pensamiento de Martínez Estrada, el pasaje de la "interpretación globalizante de aspectos simbólicos" (en 1933 con *Radiografía de la Pampa*) a un interés por la tradición cultural argentina y una valoración explícita por lo gauchesco. Deteniéndose en los huecos que los discursos de la tradición fueron creando, Martínez Estrada intenta comprender

permitirle cuestionar de manera contundente la figura política de Rosas (y Perón), por ejemplo, pero a la vez, lo va a rescatar como síntoma inequívoco que da cuenta de la realidad nacional. Asimismo, a Sarmiento, a quien devora con admiración, le atribuye una inconsciente filiación hispánica por su concepción barbárica de lo popular. Los itinerarios del pensamiento de Martínez Estrada se vuelven sinuosos por incurrir con frecuencia en una suerte de paradoja ideológica, lo que le permite cruzar a Hernández (y su Martín Fierro) con Sarmiento (y su Facundo), en lo que respecta al alineamiento de los héroes prófugos. Si bien es cierto que fueron las Leyes de Indias las que con sus disposiciones políticas y eclesiásticas empobrecieron la vida espiritual en el Río de la Plata, la herencia hostil de este "suelo erial", prolonga sus efectos: no tanto en las obras producidas, que aunque no alcanzan para hablar de "cultura" son los síntomas de algunas individualidades valiosas. El estigma de la Argentina está plasmado en una mentalidad hecha evidencia, con la actitud de aceptar y rechazar en abstracto, en la ausencia misma del pueblo. Desde este punto de vista, con la literatura de salón pero, aún antes, con la imposición inicial de las Crónicas de Indias (y con Ulrico Schmidel a la cabeza) se desvía la mirada que debería apuntar al hombre y a la tierra, comenzando a crearse, no la belleza de la verdad sino la "verdad de la ficción".

Las inversiones analógicas con que Martínez Estrada organiza su sistema argumentativo, constituye un riesgo y un desafío para lectores formados según criterios taxonómicos o conceptos "claros y distintos". Tal es así que la genealogía poética de la Emancipación, no ofrece para Olegario Victor Andrade tierra firme para innovar tópicos y asuntos; más bien insiste en dar vigencia nueva a un pasado que, convertido en alegoría, reduce el lenguaje de la poesía a un anacronismo caduco o inexpresivo. Martínez Estrada otra vez se ocupa de exponentes que por alguna razón permanecieron fuera de los círculos prestigiosos o de la consideración de los intelectuales, en un determinado momento de su producción o

---

las zonas soslayadas de la historia y corregir las versiones previas de los objetos sagrados de la intelectualidad. En su tesis ruralista, hay el descubrimiento de una realidad nueva y auténtica de la que sólo dan cuenta los viajeros ingleses (Hudson y Cunninghame Graham) y los gauchescos (Montaldo, "La mirada perdida").

actividad. Ese es el caso de Andrade sobre quien no duda en resaltar la recreación de lo colonial y lo caduco bajo la apariencia de patriotismo. En este sentido, si para los primeros poetas rivadavianos la poesía era el medio de celebrar los nuevos acontecimientos históricos, Andrade hace servir a la Historia como instrumento de un idioma decadente. Al negar el presente y neutralizar el futuro, Andrade construye una línea de sucesión con la prosa de Lugones donde la trasferencia más cabal es la construcción de la Patria como ficción verbal. De la conciencia patriótica transfigurada, resulta así la superchería de un sentimiento esclerosado. Pero si algo de positivo tiene la figura de Andrade, es su emergencia como fenómeno representativo del "espíritu de nuestras letras", un síntoma que permite vislumbrar el material impalpable y sonoro del vacío, el movimiento de palabras sujetas a ritmo y rima pero desprovistas del vínculo esencial con lo real. Desde este punto de vista, Andrade es un paradigma por reflejar la ausencia de contenido y "un caso singular de lo patriótico despojado de lo político", y por acatar, quizá sin saberlo, la misión cívica que le asigna Roca en su proyecto de gobierno. La lira de Andrade, antes que la guitarra de los gauchescos, es el signo de un nacionalismo difuso cuyo lenguaje recae en vieja retórica, el otro lado del vacío que dejó la batalla de Caseros en 1852. Desaparecida la violencia verbal que desata Juan Manuel de Rosas, con Andrade los verdaderos valores quedan recluidos en el "Conservatorio nacional" o "enquistados en las cátedras de preceptiva y de historia literaria" (Martínez Estrada, *Para una revisión* 139). Como contraparte, Guillermo Hudson representa un emblema paradojal, por cuanto encarna desde la extranjería, la genuina comprensión de los valores en el mundo rioplatense. Tal es así como *La tierra purpúrea* y *Allá lejos y hace tiempo*, no se conforman según las pautas de mitos y prototipos porque recogen lo que queda fuera de la literatura oficial, prescindiendo, justamente, de ornamentos artificiales. "Hudson es un escritor sin librea política, sin uniforme patriótico y sin moralina de sacristía. Un espíritu libre, lo más extranjero en su tierra" (139). En Guillermo Enrique Hudson, Martínez Estrada encuentra no sólo una narración auténtica, la expresión veraz de un género de vida promovidos por la tierra y sus habitantes, sino las bases de una doctrina ideológica que funda los cimientos de una idiosincrasia. Bien señala David Viñas la divergencia de Martínez Estrada con respecto a un contemporáneo como Eduardo Mallea; mientras que el primero, inspirado en Freud sostiene que lo oculto o silenciado es el síntoma de una enfermedad que aparece en la superficie, el segundo opina que "lo visible" de la Argentina es lo desdeñable, porque sofoca a los mejores espíritus. Hudson es entonces algo más que el pretexto para exponer preferencias literarias. Como artífice de un mundo donde reina la sencillez y la naturalidad de espacios, costumbres y habitantes, Martínez Estrada lee en el viajero la verdadera condición de una escritura en libertad plena. La distancia cultural que le permite a Hudson escribir sin prejuicios, es la misma que le posibilita volver a irse para preservar y atesorar las experiencias pampeanas.[28]

La operación cultural de Ezequiel Martínez Estrada deconstruye los principios del nacionalismo que sedimentó en el Centenario, señalando las grietas de su sistema de argumentación: la unidad lingüística funda la política de la unidad nacional (*El mundo maravilloso*). Sin duda podemos sostener que Martínez Estrada consigue horadar esa suerte de hipóstasis urdida entre ser y nación, advirtiendo el sentido de territorios impropios en la cultura argentina; desde su perspectiva, es lícito suponer que el destierro, la frontera o la extranjería admiten la posibilidad de hacer perceptible tanto la condición del sujeto autor (historia y procedencia) como la operatividad del espacio, en términos de semiosis o representación literaria. Si Martínez Estrada generaliza cuando habla de los libros de viajes, también es cierto que se detiene especialmente en Hudson cuando su vida familiar le provoca una fractura, con la muerte de su madre y su partida a Inglaterra. Sin embargo, errancia y peregrinaje no fueron óbice para que Hudson pueda considerar como propia la tierra de su destino final: Inglaterra insiste en su legado por pertenencia ancestral. La dislocación respecto de la zona de origen se manifiesta en un lenguaje sesgado, en definitiva, mediante un desplazamiento cultural. De esta

---

[28] David Viñas señala, como epígono "parricida" de Martínez Estrada y miembro fundador de la revista *Contorno*, no sólo los aciertos críticos e intuitivos sino las ambigüedades, las contradicciones ideológicas que precisamente no se corresponderían con la actitud de gran revelador que su maestro asumió. Leopoldo Lugones es, en este sentido, un punto de conflicto y se pregunta si no hay cierta incondicionalidad, por parte de Martínez Estrada, al modelo de intelectual liberal. Si a Sarmiento no pudo asirlo en su conjunto, la notoria derechización de Lugones es la otra figura que le impide una revisión de fondo ("Martínez Estrada").

manera, el viaje es algo más que un episodio en la biografía individual; es, por así decir, cláusula de transformación y descentramiento del yo, allí donde las marcas atávicas pasan a ser inscripciones de un enigma, el que resalta, valga el oxímoron, lo extraordinario de la cotidianeidad. En términos materiales, los efectos de tal escisión se muestran, decíamos, en el lenguaje, más precisamente, en el mecanismo de la traducción, que define la obra de Hudson o el perfil de un "vagabundo nato". En consecuencia, la coexistencia de dos idiomas preserva la contaminación y la impureza que ofician, en este autor paradigmático, como modelo identitario de la literatura argentina. Si Martínez Estrada evita parámetros normativos o el modelo localista de la literatura para exportación, pensando en la literatura que habla de lo propio, su noción de autenticidad interrumpe entonces el vínculo entre Patria y Tradición. *Muerte y transfiguración de Martín Fierro* (1948), *El mundo maravilloso de Guillermo Enrique Hudson* (1951) y *Para una revisión de las letras argentinas* (1967), dan cuenta de una interpretación sinuosa acerca e tributos y filiaciones, y se constituyen como posición tomada y reflexión rigurosa. Puede decirse así, que un conjunto de preocupaciones constantes define el trabajo intelectual de Martínez Estrada. No obstante, Borges había consignado no solo la importancia de Hudson para las letras argentinas (*El tamaño de mi esperanza*, 1926), sino que alentó la apropiación deliberada de temas y recursos que prodiga el universo cultural europeo. Anterior a Deleuze y Guattari, Borges defiende el uso deliberado de aquellas marcas de procedencia con las que judíos e irlandeses legitiman su construcción onomástica o su blasón cultural.

"No hay un límite entre la ciudad y el campo" (Rosa, *Historia* 79).[29] Esta misma frase que Nicolás Rosa dice a propósito de Martínez Estrada, puede servirnos para pensar las series rural y urbana en la literatura

---

[29] Rosa sostiene que tampoco podemos pensar en efectos técnicos de civilización propios de una ciudad que invade el campo. Desde la visión de Martínez Estrada el campo siempre intentó arrasar la ciudad, lo que el ensayista argentino marca como la zona del "entre": Cunninghame, Gombrowicz, Rest, pertenecen a este ámbito. Por otro lado, Rosa indica que Martínez Estrada siempre estuvo atento a las voces sociales, tanto de la ciudad como del campo. Y si el desierto es habitación de silencio, la inconmesurable Buenos Aires es una Babel muda que figura la soledad del aislamiento. Pero allí mismo se expresa una "mímica gestual e icónica" donde aparecen arrinconadas y expectantes, "las voces de los desclasados y los migrantes sociales" (*Historia*).

de Aira, no como un esquema que excluye taxativamente uno u otro territorio, sino para elaborar más bien, los vaivenes entre una y otra zona o la convocatoria recíproca. Ahora bien, ¿cuál es el interrogante que Aira le plantea a la historia de la literatura, cuando implica a paisanos y forasteros en su ciclo campestre?

Peregrinaciones pampeanas:
las reglas del género y la experimentación material

Si Aira es considerado un escritor de vanguardia, ¿en qué consiste el procedimiento de lo nuevo en su escritura y cómo se generan sus efectos – cómo, en definitiva, se registra el impacto de su performance escénica en el ámbito de la crítica? Si indios, ejércitos y fronteras son los tópicos culturales que le permiten ensayar una aproximación (una versión, en definitiva) a la historia nacional, ¿en qué consiste ese radical extrañamiento de su obra? ¿Cuánto hay de mímesis, parodia o estilización? ¿cómo inciden estas formas de la representación en lo que resulta una extrema experiencia en las figuraciones narrativas del siglo XX? Por último, ¿cómo calibrar las deudas y préstamos que asumen los géneros en la ficción de Aira? Podríamos empezar con la demanda de acción, que Aira pone de manifiesto en la textualidad a propósito de la invención narrativa. Llegado este punto hay que señalar la lógica singular de la que hablábamos, porque si bien se trata del artificio de lo real, la temporalidad que sostiene los episodios a ser contados no sólo transcurre velozmente "hacia adelante"; el tiempo, en Aira, es más bien devenir que marca el paso por delante y por detrás. Ese estado en fuga y demora, huída perpetua y suspensión, ha sido descripto por el propio autor como "movilidad inmóvil", reponiendo de algún modo, la noción que hiciera suya Maurice Blanchot. En consecuencia, la acumulación de sucesos precipita la historia deparándole desenlaces insólitos y cambios inesperados de situación. Pero en la escritura hay un factor que prevalece por encima de personajes y peripecias, organizando el sistema de enunciación desde su forma más embrionaria: el narrador. Con avances y retrocesos, con premura o diferimiento, es la interferencia, el saber de la reflexión y la conjetura, eso que dota al texto de un carácter teatral. Por lo demás, se trata de la participación digresiva de quien toma la palabra sabiendo que distancias y perspectivas son flexibles. El narrador, entonces, corta el curso lineal de la acción, afectando la sucesión cronológica, la teleología y la causalidad. Podría decirse que se trata de una instancia del discurso donde hay especulación pero también relato en tanto se hace visible la escena, aún más por esa intervención. La especulación aquí puede leerse como discurso en espejo, desdoblamiento de lo real por efecto y causa de la palabra. Curioso, entrometido, fabulador, quien cuenta también neutraliza las mediaciones, tal como decíamos aludiendo a distancias y perspectivas como posiciones o puntos de contacto entre imagen de autor-narrador y personaje. Esos eran los múltiples yoes a los que aludíamos. Más que de categorías abstractas, aquí se trata de un espacio-tiempo que gradua la eficacia de la narratividad en términos de intensidad, y no de duración. A modo de ubicuo sujeto de enunciación, este es el punto de inicio que afirma la literatura como positividad, es decir: narrar no es sólo posible sino también necesario. Ahora bien, como quedó indicado, se trata menos de cuantificar los avatares que de promover sus efectos; por lo tanto, hay un procedimiento que por su frecuencia y productividad, define el conjunto de la obra de Aira, esto es, la abolición de las jerarquías y el reajuste de las antinomias, tal como las recibimos desde la Generación del 37, con Sarmiento y Echeverría en particular. De alguna manera, escribir, para Aira, es leer la Historia Nacional arrancando de la misma página que David Viñas eligió para afirmar una de sus hipótesis políticas más polémicas: la literatura argentina empieza con Rosas.[30]

Una novela central en la producción de Aira, toma al Restaurador de las Leyes como excusa para iniciar una expedición a tierra de indios. De esta manera, en *La liebre*, Rosas no es el protagonista de la historia sino la circunstancia que le permite al autor marcar un contexto; el relato insinúa así un atisbo de las primeras transacciones con los indios, marcando como efecto, una suerte de preocupación ostensible en las sinuosas indagaciones de Rosas.[31] En dicho tejido textual es perceptible

---

[30] "La literatura argentina es la historia de la voluntad nacional", del circuito donde verifican sus impactos los momentos culminantes (*Literatura argentina* 14). Se trata del proceso donde determinadas emergencias hablan de las modalidades de la dependencia y de la lucha, en el seno del subdesarrollo y de un proyecto de nación.

[31] En este sentido, cabe recordar que Adolfo Prieto recorta una serie literaria con los viajeros ingleses que llegan y escriben sobre la Argentina entre la tercera y cuarta década del siglo XIX.

## "Vanguardia" y "tradición" en la narrativa de César Aira

la presencia de Humboldt y la idea de civilización cuyo perfil se nota en el sistema de citas de lectores como Alberdi, Echeverría, Gutiérrez, Mármol y Sarmiento. Si la novela comienza con un primer plano del gobernador, su predominio queda acotado a una primera parte de la trama, la cual imagina la cotidianeidad en la estancia de Palermo, entre pesadillas y acrobacias ecuestres, entre mates cebados por Manuelita y las lucubraciones secretas de su padre; pocas cosas lo entusiasman tanto como imaginarla casada con Eusebio, su bufón preferido y nada le causa más perplejidad que ver su sueño reflejado en el pasquín de sus salvajes enemigos. Pero cuando sus reflexiones se pierden entre la plenitud del ser, cuando su secreta inventiva toma la forma concreta de lo real, Rosas deja de ser el protagonista, equívocamente anunciado, para dar paso sin mediaciones ni explicación, a un naturalista inglés, cuñado de Darwin, quien solicita su audiencia para emprender un viaje. El desierto comprende así un objetivo: hallar un esquivo animal conocido como la liebre legibreriana. De este modo, una literatura de superficies y planos laminares se realiza como programa estético, lo cual no sorprende si recordamos que muchas veces Aira hizo de la frivolidad, casi una declaración de principios. Programa que corre sin anuencia de la moral de la corrección o de la norma, desalojando en los personajes toda rémora de profundidad. Entonces, la escena nacional muestra su condición de máscara o actuación. Sin embargo, y a pesar de su manifiesta inclinación por la simplicidad, lo fútil asume en Aira el carácter de trabajo, la concepción de la escritura como artesanía del detalle que posa el ojo del artista sobre nuevos aspectos de las viejas figuras; niño artista tan agudo como desprejuiciado. Es así como Rosas pierde espesor y su escena deja ver un costado leve, la contingencia de lo casual y de lo onírico, si se quiere; las formaciones históricas de la literatura argentina, convocan en Aira un mecanismo de lectura cuyas piezas y mecanismos son rearmadas para ver en el monumento, la letra de lo mínimo. Además de la eficacia narrativa por el manejo de los episodios que se suceden, la omnisciencia adquiere un alto grado de especulación teórica, y ya no solamente como rasgo propio del narrador sino también de los

---

En ese contexto dan cuenta de las condiciones efectivas de un terreno o una naturaleza sobre la que ven la posibilidad de realizar las ambiciones de un imaginario expansionista.

personajes, lo que genera una mezcla sutil de humor y extrañamiento: los indios son grandes filósofos. Es a partir del protagonismo que asume la figura de Clarke, cuando la especulación comienza a operar en un registro formal; desde esta perspectiva, la escritura refiere sus propias condiciones de producción, cuando acto y enunciación toman la forma de vuelta completa, en otros términos: la felicidad es el estado pleno, el absoluto como presente perpetuo o el giro total de las coincidencias que convergen en la alegoría de la eternidad. En este contexto hay que señalar la rara sutileza de la escritura de Aira, hacer uso de emblemas patrios para derivar en esa suerte de inestabilidad que repone lo tradicional y lo actual por partida doble. Infinito o eternidad, aquí antiguas rémoras cobran vida y los fulgores del porvenir asoman al abismo de la catástrofe. De alguna manera puede decirse que el acontecimiento revela sus jeroglíficos en un modo de leer el pasado desde su propio presente, logrando que el efecto de lo nuevo alcance un nuevo estado de perdurabilidad. Pero aún, las posibilidades de la lectura pueden ir más lejos si pensamos en el protagonismo más efectivo de la segunda parte de la novela, titulada "La liebre legibreriana"; con oficio de linotipista, Aira presenta en la pampa, el estado de completud interrumpida, el infinito discontinuo donde Clarke y el animal no son otra cosa que lo mismo, lo uno y lo múltiple, un fragmento del ser en su unicidad.

Por su parte, un texto como *El vestido rosa* (un cuento, tal como se enmarca de manera declarada después del título), recupera ciertos matices arcaicos, algunos ecos de la tradición literaria más lejana, pero situándose a la vez un poco más acá de las cuestiones propias de la literatura argentina. Así, el relato concede un particular interés al hecho de contar vidas, componer argumentos, oscilando entre sucesos que confieren cierto espesor y episodios accidentales que como por arte de magia extravían del trayecto supuestamente establecido. Hay una fugacidad que borra los objetos iniciales disolviendo como un golpe de dados, los destinos impulsados por alguna "decisión" inútil. Como si la ocurrencia de coser un vestido para una niña fuera una alquimia de encantos pueriles y hechizos malévolos. En esa atmósfera solitaria, la diminuta prenda anuda y despliega el vaivén de la persecución. Si el relato se abre con una descripción familiar, con la presentación de un mundo cerrado o mítico, el vestido será la llave que abra el misterio del puro errar, dando margen al error: el malentendido, una de las claves de la literatura airana. En este sentido, las fallas recurrentes en los cálculos de las distancias, van atenuando los motivos de la espera.[32] En el instante en que Asís, peón tonto y servicial, pierde el vestido como objeto de envío, se anulan las direcciones, se cruzan los episodios y se frustran los propósitos. El vestido es el objeto de desplazamiento que modifica sin cesar los circuitos que se traman para su captura. Objeto aleatorio que se esconde en el riesgo de la evidencia, protege a Asís cuando las tropas de Roca creen ver en él el signo de una pena o un desconsuelo. El vestido que se muestra y oculta es el reverso, la fuga suplementaria de una urdimbre de huidas que no vuelven nunca al punto inicial. De este modo, el encuentro de Asís con los indios produce un lapso, "parpadeo" que le basta a Manuel para alcanzar el objeto de deseo para su pequeña hermana Augusta. El viaje multiplica sucesos, repite como ecos las historias pero también constituye a los personajes, los transforma en un punto cualquiera del recorrido:

> Sentía cómo la noche se propagaba del aire a otras cosas, incluso a él mismo... esas noches se despertó una y otra vez, bajo las estrellas, con un presentimiento

---

[32] Para Michel De Certeau hay una alianza entre las redes de la espera y del creer organizadas como prácticas simbólicas donde el tiempo funda la alteridad o el lugar del plazo. Haciendo valer al lenguaje como modelo general, supone una respuesta articulada entre la lengua y la referencia de la cual no obstante está separada, consignando al acto de la palabra, el acto fundante de la expectación. En este sentido, si la sintaxis provee "las probabilidades encadenadas", es el "entre dos" el que asegura el control de las reglas sociales o las convenciones que regulan la comunicación social, cuya circulación plantea una distinción de lugares ("Creer: una práctica" 52). La lógica que el texto de Aira plantea, desestabiliza la condición y el presupuesto del creer y la espera porque no reconoce ninguna posición regular del sujeto y reacentúa más bien, "las ficciones del otro" como horizontes hacia donde se desliza el anhelo, el deseo o la expectación casual de poseer el objeto itinerante (58). En todo caso, las remitencias a las fábulas, leyendas o versiones que "sostienen" la existencia que sin embargo persiste evanescente, no hacen sino multiplicar los retornos de las demoras iniciales apuntando a la falta de interlocutor, volviendo inaprehensible los límites del tiempo o del espacio. También puede ser interesante pensar esto a contra luz de la idea de espera que Barthes señaló como encantamiento. Así, el detenimiento, la inmovilidad urden una serie de instantes e interdicciones donde la repetición prolonga la angustia de la inactividad. En Aira, la pérdida del vestido no representa la escenografía del duelo por funcionar como objeto de desplazamiento y reposición. Los trayectos simbólicos que traza la prenda enhebran la cadena significante que constituye, inscribe y transforma los sujetos de los lugares "recorridos" (59). Desde el azar y la casualidad aparece pertinente la escena barthesiana de la contingencia como reveses, futilidadaes e incidentes que atraviesan cualquier nudo factual o anecdótico.

sin nombre ni forma. De madrugada volvía a ponerse en marcha, y le producía la sensación de un sueño, haber vuelto a viajar con el vestidito perdido. (45)

Asís se va. Mientras tanto, Manuel se dispone a transcurrir, dibujando rizos y cursos ondulantes sobre un espacio que conoce pero que, sin embargo, retarda, pospone. Si se multiplica a sí mismo en la sucesión de días y noches, el viaje hace del tiempo su materia y obra como repetición de la vida. Manuel crece deviniendo y desplazándose, conociendo "el área de sus vagabundeos", olvidando las primeras intenciones, secretas y furtivas de su viaje (34). La advertencia de la transformación y la falta, en Manuel, toma la forma de un "despertar" ante el hueco de su casa desaparecida. Y cuando retoma su viaje, no elabora ningún recuerdo de las violencias que aprende. Pero antes de que una nueva vida definitiva y familiar convierta a Manuel en la página de un cuento, se produce un instante de vértigo que acumula la eternidad de varias décadas en el presente. Como por hechizo, Asís pide hospedarse en la casa de Manuel y cuando se reconocen, aún a pesar de sus cambios, éste le devuelve el vestido. Aquí, la lentitud es el correlato de la interrupción abrupta, repentina e imprevista. Así, las historias se conectan por asuntos casuales que hacen que el vestido sea objeto de pase y pasaje él mismo, el equipaje que la velocidad del presente lleva consigo en el vértigo de la historia. La fragilidad femenina del vestido, tenue como los colores del horizonte, es el talismán que lo preserva de la destrucción y lo desplaza en una continuidad lejana, casi como un encantamiento, en una especie de permanencia volátil, evanescente. La miniatura del vestido, el detalle diminuto, realiza lo grande en la cadena de fábulas y rumores que en algún momento llegan a oídos de Manuel. Pareciera como si la frontera del campo traspasara los cuentos del vestido y los ecos salvajes del malón. Intangibles, se esfuman, se filtran como resonancias que escamotean el lugar de origen. Pero la fortuna dispone en Asís el lugar de su designio y convierte al vestido en objeto de su posesión. En este sentido, el movimiento del azar encuentra espontánea la desmesura que relaciona sin guardar proporción al gigante y la miniatura o el vínculo–desproporcionado– entre el asombro de Asís ante la evidencia –como la diferencia entre los sexos–, y la añeja naturalidad con el misterio. Hasta que la casualidad, entonces, reclama que dos comadres decidan dirimir sus pleitos por un pequeño vestido rosa frente al juez octogenario del lugar. "El juez por supuesto era Asís. El agua y el aire pasan sin dejar huella. La vida misma pasa sin dejar huellas" (80). La escritura pareciera estar signada por la repetición. "La vida pasa siempre como una nube, sin tocar nada ni dejar huella. Igual que la tormenta: no deja huellas porque se repite" (119). Eso es lo que en *Ema, la cautiva* dice Gombo, luego de un largo silencio. En un ir y venir por senderos, contemplando los arco iris de albas y amaneceres, Ema deriva en las indolencias y los placeres del ocio. Tal vez quepa definirla como el continuo, como el incesante vagar que se desata después de una página en blanco y la alusión a una mujer casi niña que se deja llevar por la ensoñación de la monotonía. *Ema, la Cautiva* también construye una ficción de identidades patrias; desde esta perspectiva, nos detenemos a examinar de qué forma esta novela polemiza con el sistema literario atravesado y sostenido por la antinomia civilización y barbarie.[33]

El primer segmento de un realismo que bordea la estructura clásica de una representación, es protagonizado por un francés. En este sentido podríamos decir que el régimen de veridicción propone un ajuste entre la verdad histórica (acontecimiento de carácter fáctico por su condición documental) y el verosímil, en su respectiva formalización. Duval es el nombre del viajero, contratado por el gobierno central para hacer trabajos especializados en la frontera; Lavalle es el teniente al mando de la caravana dirigida a Azul y a Pringles con el "objeto" de sacar ventaja comercial de sus prisioneros. En esta novela, también se pone de relieve una operación clave en Aira: la repetición. Desde esta perspectiva, la tensión entre los extremos de lo visible y lo invisible, los cuerpos pintados de los indios

---

[33] María Teresa Gramuglio recordaba una frase de Esteban Echeverría en las reflexiones preliminares a *La Cautiva*: "El desierto es nuestro más pingüe patrimonio"; en este enunciado reconocía también los acentos de dos programas implícitos, uno estético y otro político. Se trata, por una parte, de tomar posesión sobre ese patrimonio, dominar y transformar ese vacío en cuya realización el programa estético inaugura un imaginario sobre el desierto y sus habitantes; por otra parte, el *Dogma Socialista*, aquel que incluye las "noticias biográficas" de Juan María Gutiérrez, confirma en este sentido el proyecto de desarrollar la industria pastoril y agrícola, advirtiendo que, si bien en nuestro país todas las tierras son fértiles, unas producen y otras no, condición fundamental para que su valor baje al mínimo en la frontera, donde empieza el desierto (Echeverría, *Dogma*; Gramuglio, "Increíbles aventuras").

y los antifaces negros, son imágenes que junto a los collares de cuentas "a veces hasta de un centener de *vueltas*" (98), implican la vacilación ante la posibilidad de distinguir algo preciso. Esto va a alternar con el exceso de brillo que refleja y distorsiona sobre pieles, labios y fuegos y la opacidad de sombras y penumbras que borran las presencias reales. El gesto ritual y concentrado de la seducción, es el reverso de un juego que sabe de pinturas y dibujos borrados con el roce del agua. Así, el tatuaje, tan perfecto como inútil, procura ser una marca, una inscripción en el cuerpo que se graba para fugarse; aquí podemos ingresar a esa zona legible en tanto réplica, copia o simulacro de respuestas y sentido a los avatares de la naturaleza o de la fortuna (en este punto tal vez podamos pensar esa zona de la poética airiana que mejor recoge y *aggiorna* los elementos residuales del Barroco). Pero si los tatuajes son una manera refinada de imprimir el cuerpo, el delirio y la alucinación toman la forma de la inmensidad de la especie, aun con el dinero del coronel Espina y sus estrategias para "lubricar la circulación"; así funcionan los números que dilantan el imperio indígena con lapsos de magia pura. De este modo, el exceso de recorrido que los billetes desencadenan con su impresión, permite considerar un territorio sin límites que separen o cierren, circulación que por otra parte no excluye la continuidad de "una repetición eterna", ni los giros inciertos del azar en la apuesta ilusoria del perpetuo diferir:[34]

> A veces se entretenía calculando la cantidad de sapos que habría en las millones de leguas de campo virgen del país; multiplicaba el número de los que ocupaban un metro cuadrado (un centenar) por diez mil, y el resultado por cien millones, y aún así sabía que no se había acercado ni remotamente al total;... (40)

En el misterio de la reproducción o en la multiplicación inútil de las "pequeñas joyas verdes", la descripción avanza por el saber omnisciente

---

[34] Nos ha resultado operativo el concepto que Lacan define como "automatismo de repetición" (que repone el concepto freudiano de compulsión a la repetición), ya que si dicha noción toma su principio en la cadena significante que afecta la naturaleza de lo real, lo hace en tanto transformación productiva de lo que falta en su lugar. En dicha instancia, la letra se afirma como unidad, no en cuanto a la noción del todo, sino por no soportar la partición, lo cual ratifica la naturaleza simbólica de la ausencia: "Rompamos una carta en pedacitos, sigue siendo la misma carta que es" dice Lacan. En este sentido, el rasgo que pretendemos resaltar en este trabajo es la desviación, el automatismo de repetición que supone el desplazamiento sobre el desfiladero de lo simbólico ("El seminario").

del narrador, hacia los pensamientos de Duval. La escritura trama una concepción del naturalismo, precisamente al poner énfasis sobre la especie; pero el procedimiento característico en Aira consiste en la interpretación de la especie por una escena singular: el carácter individual del ser se desvanece en la apoteosis del universo. Sin embargo, lo que en la escuela naturalista de Darwin responde a la evolución, en Aira es transformación o metamorfosis que alcanza diferentes planos o niveles de la textualidad (figuras, motivos, escenas de diálogo, descripción o narración, construcción de personajes). Pareciera que el barroco imprime su sello, buscando en la repetición (multiplicación, proliferación), una operación de complemento y de exceso: el desplazamiento. Se va a hablar entonces, de individuos como avatares, de historias urdidas sobre la base del accidente, lo casual y la contingencia; el extrañamiento de la escritura airiana se produce como resultado (y procedimiento) por aquello que no actúa como excepción sino como ley. En *Ema, la cautiva*, los personajes dan forma a una concepción del ser que asedia la linealidad para cruzar catástrofes, puesta en abismo de la regularidad a favor del sentido de lo imprevisto. Es por esto que los personajes se constituyen como actores o mejor, portadores de máscaras vacías o de rostros fabricados en la pura oquedad inmemorial. ¿Qué nos sugiere sino el detalle del tiránico Espina, el comandante del babélico fuerte donde la transacción del dinero (¿o la fortuna?) alcanza su máximo grado de "realización"? ¿Y a quien nos remite (sino a Rosas) como una metonimia invertida, el apellido de ese hombre opulento y descomunal? Civilización y barbarie toman una semántica que acentúa la forma de la neutralidad y la indeterminación, acaso el carácter de inmadurez que Gombrowicz le adjudicó a su propia concepción de Forma. El andar mecánico de los soldados, la inercia de los indios prisioneros y el científico francés integran la caravana liderada por el teniente Lavalle; así cruzan la pampa en un irreal amanecer. Tratándose de Aira no asombra que el desierto como zona excéntrica de la ley en la Argentina del siglo XIX, incluya una luz sepia y bistre además de perdices y vizcachas. A partir de aquí, todo parece precipitar una atmósfera que evoca la magia de Sei Shonagon. Hubo que esperar así que el siglo XVII, el momento del claroscuro, legara las primeras versiones de imprenta de *El libro de la almohada*. Así podríamos invertir las coordenadas del tiempo para leer al Barroco en la caligrafía asiática; la falta de orientación predeterminada y fija, la dispersión fragmentaria del sujeto, el fárrago digresivo de la escritura. En este contexto la letra se vuelca a la observación como a la meditación sobre la transmigración del mundo humano y vegetal, subrayando la percepción de lo efímero que los conceptos budistas de nacimiento, vejez, enfermedad y muerte conjugan entre el paso del tiempo con el culto vital de la naturaleza. Material por sobre todos los rasgos, la textualidad combina una iconografía de colores violentos volviendo simultánea la escena oriental con los ritos del tatuaje que Ema repone como escritura sobre el cuerpo: o escribir con el cuerpo como un nuevo modo de fabular.

Si la poética de Aira se organiza según el esquema de serie rural y serie urbana, la primera permite ver un repertorio de motivos ligados con el género gauchesco y con la literatura de viajes (especialmente la de los europeos que procuran el registro del insospechado horizonte pampeano). La obsesión por el espacio que hay en Aira se traduce en la insistencia sobre un campo que en nada respeta las convenciones o las prescripciones de aquel registro que procura homogeneizar el diseño del Estado moderno. Con prescidencia de la imitación respetuosa o de la parodia irreverente, el criollismo de Aira no se vincula a la política del género gauchesco. Ni a la apelación de los comienzos, ni a la toma de partido entre unitarios y federales; tampoco cabe en el esquema diseñado por el Centenario. Se trataría, en todo caso, de nuevos usos del mito, haciéndolo rozar con la caricatura. La risa o el trabajo de orfebrería, se cumple en la elección del objeto revelando la fórmula en la trama sutil de las lecturas. La escritura de Aira se constituye así como el taller donde el uso y la apropiación de firmas, textos o culturas, indica la operación afirmativa, la diferencia como efecto práctico, el trabajo definido como síntoma o emergente positivo más que como manifiesto en contra del panteón de la cultura nacional.

Con Aira se revitaliza la crisis misma como fundamento experimental y poético; en sus textos la patria aparece transfigurada como versión nacional de Supervielle o Duchamp. Si con el primero se introduce el signo del extranjero, con el segundo se imprime el desplazamiento de

## "Vanguardia" y "tradición" en la narrativa de César Aira

la mirada por inversión del espejo. En este sentido, la lejana línea del horizonte pampeano coincide paradójicamente con el máximo grado de transparencia y visualidad, como el Gran Vidrio de los ready-mades. *Moreira*, la primera novela que Aira publica en 1975, es un caso singular dentro de ese universo literario; un caso que ejecuta el plegado o el doblez de textos y la simultaneidad alucinada entre los órdenes de la enunciación. En primera instancia, *Moreira* se presenta como una suerte de relato enmarcado dentro de la escena misma de la palabra autoral. La imágen de artista se construye así como obra en marcha, inacabada en la situación de escritura, o del instante de inscribir el acto de leer (un texto de raigambre criollista) y a su vez la propia mirada que se ve leyendo. Y como es frecuente en Aira, el trabajo de la escritura conlleva también la marca, deliberada, de la distracción, cosa que impide una distinción taxonómica de los marcos, esto es, lo exterior y lo interno al texto. Ese extrañamiento del que muchas veces hablamos cuando nos referimos a César Aira, se produce en el punto preciso donde coinciden procedimiento y resultado, trabajo de orfebre y efecto de lectura; aquí, la performance biográfica del escritor acorta las distancias entre su posición y el texto "ajeno", anula las mediaciones y perspectivas distantes con respecto a la materia verbal tocándola, viéndola de cerca en una suerte de estado prenatal, una concepción de la obra en estado de producción (no de producto concluido), de latencia o gestación. De hecho, Aira ingresa explícitamente como personaje aludiendo a situaciones o imágenes de un contacto contemporáneo entre la página que comienza a escribirse y lo que ella retoma de la herencia libresca. Pero si Aira es personaje, su nombre es referido en tercera persona, en pretérito imperfecto y con la omnisciencia de un narrador que conoce la ligereza y la omisión que provocan esos corrimientos de límites entre la enunciación y lo enunciado: "Pensaba Aira".... La puntuación es registro sintáctico de lengua y de objeto que aquí aparecen suspendidos y asimismo, como efecto intencional de cierto descuido o inocencia. Aunque también hay alternancias con un narrador en primera persona:

> Un lugar ameno. El sitio donde hace su habitación el héroe, y una horda de gauchos: personajes y alegorías. El singular y el plural, el deseo, escribo más lentamente. ¡Algunas sirenas asomaron las cabezas, sonriendo con ironía! Pues

> bien, resumiendo: nuestro personaje (que no es otro que el conocido Julián Andrade, y su caballo "Pachequito") está sentado en medio de la naturaleza. Inmóvil. Y parece atento. Arcos. Crujidos, chapoteos. Un sacapuntas tiene su nido entre las ramas azules...Criiii... (7-8)

Leer y escribir en clave exótica: alterar lo familiar con el signo de lo Otro. Así puede hablar de las pampas a partir no de un lugar común sino desde uno propio y singular: el campo con las intermitencias del arroyo Pillahuinco, los caminos que unen a Coronel Pringles con El Pensamiento. Desfilan gauchos, dialogan paisanos en pulperías pero la escritura tiende a subrayar, desde un narrador que se arriesga o adivina, la posibilidad visual de las historias a partir de los medios de reproductibilidad técnica; como si fuera poco, el contrapunto de los gauchos se transforma en una babel joyceana –Joyce es mencionado explícitamente en el texto– y los parroquianos juegan a las tabas en insólitos drugstores. A propósito de la neogauchesca en Aira, es interesante detenerse en la puesta en escena del desafío, una suerte de ficción oral o interpretación hablada entre compañeros que evocan una historia, o en otros términos, una leyenda. Entre la prosodia de la palabra dicha y las inflexiones de un registro que exhibe las marcas de su hacerse, se construye la treta "inocente" de un gesto límite, la práctica amoral y temeraria de quien escribe prescindiendo del concepto de éxito o de fracaso; en este sentido bien puede decirse que Aira desarma festivamente el canon. El desmontaje lúdico y ceremonial de un género consagrado –la gauchesca del Martín Fierro– deja entrever los restos culturales transformados en materia prima: el rito como evocación de mitos y relatos que persisten en sus devaneos y vaivenes. Desde este punto de vista, se trataría menos de un acto delictivo (con el grado de conciencia y mediación ideológica que eso implica) que de un juego bastardeado, la adulteración alucinada llevada a su máxima potencia: es la risa sostenida entre bambalinas, el saber decir de la parodia cuando el punto de partida es el folletín, un género "menor". El Moreira de Aira entonces, permite repensar la cultura moderna y progresista (desde la Generación del 80') poniendo el acento ahora una vez más, en el momento en que el célebre fugitivo suele aparecer: *síntoma y emergente* de un período de violencia. De este modo es cómo a través del último de los Moreira se ponen de relieve los movimientos de sentido y la circulación de fábulas culturales en torno al armado e interpretación de ciertos personajes convertidos en mitos.[35] Si de violencia y delito se trata, habría que pensar más bien en el gesto intempestivo de la reaparición del matrero, casi irreconocible en este texto donde discurso, sujeto y representación quedan sin soporte lógico. La función política de la escritura que transfigura la letra y la cita en botín de guerra o saqueo clandestino, en Aira no tiene lugar (planteo ya sostenido para marcar la diferencia entre las operaciones de Piglia y de Aira: en Aira no cabe la frase brechtiana "¿Qué es robar un banco comparado con fundarlo?" en el sentido en que Piglia la hace funcionar). Y cuando hablamos de inocencia, no lo hacemos pensando en una oposición binaria con la culpa; con Aira se hace necesario no perder de vista su lengua hecha de imágenes, en especial visuales, y el peculiar estilo de su posicionamiento identitario frente al mundo: el narrador-niño ajeno a las convenciones y al sentido común. Llegado este punto también se hace necesario insistir en una idea de parodia más cercana a la risa que Gombrowicz atribuía a la inmadurez de la forma que al procedimiento especular de los Formalistas Rusos. De cualquier manera y por el alto costo que paga la legibilidad, *Moreira* puede ser pensado como el caso más extremo dentro de la poética airana. Podría decirse que César Aira construye una textualidad diferente, significante y *Moreira* es un buen ejemplo al respecto. El vanguardismo artesanal del autor implica inventar lo nuevo a partir del juego material que disemina las piezas de un dispositivo, en este caso el de la tradición. Es así como las figuras son descontexualizadas y volviéndose extrañas generan el impacto de la novedad. En el pasaje que va del estereotipo a la emergencia de una nueva imagen, Aira construye una textualidad que muestra los rastros de su costura, trama al bies que desaloja toda marca

---

[35] Es interesante revisar el lugar que Ludmer le otorga a César Aira con su primera "novela", en las series y cadenas de la literatura nacional: la vanguardia de los 70'. Josefina Ludmer usa al delito como instrumento crítico para definir lo que a su juicio es la cultura nacional. Fundar una cultura a partir del "delito" del *menor*, implicaría postular un pacto sobre una subjetividad culpable. De este modo, la recomposición de valores dentro del sistema literario traza el ida y vuelta de los prestigios y se arman los artefactos culturales y las ficciones de identidad. El argumento de Ludmer, apunta a evaluar las consecuencias de su aserción y el grado de pertinencia aplicable a una escritura paradójica que se afirma al demoler las mediaciones dialécticas (*El cuerpo*). Al respecto también es necesaria la lectura del artículo de Graciela Montaldo, "Nuevas reflexiones sobre la cultura de nuestro tiempo".

de referencia esencial o naturalizada. Si nada está dado de antemano y se privilegia el proceso de composición, los géneros son la tela de una escritura que ensaya las posibilidades de una forma inconclusa. Desde esta perspectiva, podría decirse que si el folletín cuenta con la expectativa del lector, el lector de esta edición de "Achaval solo" debe habituarse a que el narrador lea simultáneamente a Gutiérrez y a Joyce; la reescritura del folletín argentino cita en *decoupage* a la vanguardia anglosajona. Desde la primera página de *Moreira*, Aira parece consignar su manifiesto poético, atribuyéndose en primera persona el acto de escribir en tiempo presente sin que medie separación entre la imagen de autor que empieza a esbozar y las frases descriptivas que consigna a manera de texto futuro, borrador o plan de trabajo. En este contexto la construcción del paisaje es la escenografía comic, el dibujo de una pampa, no vacía sino al contrario, hecha de escombros y retazos superpuestos donde el cromatismo se combina con la charla confusa. Sin ir más lejos, la actitud didascálica del narrador es un elemento que interviene en este escenario no sólo caricaturesco (los contornos marcados de los personajes, el juego con exageración desproporcionada de lo grande y lo pequeño, la belleza del jinete y la fealdad de los primeros interlocutores), sino también teatral. No se trata tanto de la reconstrucción histórica del asesino Moreira que vaga por las pampas, sino del carácter remarcado de decorado y la ostentosa impostación y artificialidad de la escena. Esto es lo que desgasta el núcleo de la gauchesca: la ficción de oralidad da paso a una escritura hipercodificada. Si el dibujo es el procedimiento privilegiado que realza el carácter de invención, la escritura de Aira comienza aquí a perfilar el continuo como operación y estilo. Por un narrador que se desliza hacia la "creación", la mezcla de cuadros realza el efecto de una proximidad, un retorno constante a lo familiar que sin embargo nunca deja de proclamarse como nuevo. Entonces, la falta de mediación que impide toda lógica conceptual, se sustrae al modelo representacional legitimado en la abstracción. Como aquí no hay sitio para la generalidad, la transposición de figuras genera el efecto de plus, exceso o añadido; la cesura por donde se escurre el sentido hegemónico, desdoblándose en su ínsito inacabamiento. En *Moreira* todo es próximo e incompleto:

# "Vanguardia" y "tradición" en la narrativa de César Aira

> Hendieron los cuatro ojos la línea del horizonte, pasaron por un plato de porcelana en la pared blanca: las miradas con pinturas chinas, un paisaje con volátiles, antes, astros; colores. Bebieron de las mamas negras del porrón, dejaron pasar un rato en silencio, cánones, colores. (11)

La visibilidad que detenta la escritura, no sólo insiste en figuras y motivos. En este caso es notable la fijeza y el desacomodo de la caricatura. El tono, que no solo responde a la lengua sino también a lo visual, se reduplica en escenas que aluden al modo en que se configura la mirada. Así funciona el telescopio con que los paisanos divisan al jinete, el telescopio de don Valeriano, el pulpero que tiene ensoñaciones de astrónomo. Pero lo que el dispositivo permite ver a lo lejos, es la extrema pequeñez de un cuerpo que sin embargo ostenta los mínimos detalles: buena contextura, finos atavíos, botas granaderas de raso rojo. Además de abolir el sentido causal de lo cercano y lo lejano (como ocurre también en *La liebre* y en *El vestido rosa*, por ejemplo), el deslumbrante lujo de *Moreira* se obstina con los efectos del doble y del pliegue, la cesura o el borde que disuelve el carácter taxativo de las antinomias. Con la inventiva delirante de la elegancia gaucha, se alude explícitamente a la frontera indefinida entre el campo y la ciudad. En su primera novela y desde un trabajo experimental con formas cedidas por géneros menores, Aira está pensando lo que va a desarrollar a lo largo de su producción: la cuestión del límite, que implica la representación como problema. Aquí comienza a preguntarse qué es lo que quiere hacer cuando escribe; una primera respuesta puede ser contar, satisfacer, en alguna medida, la demanda ancestral por saber que pasa después. Luego vendrá la elección del material, la búsqueda de aquellos motivos que va a transformar definitivamente a partir del inventario nacional de la Historia: gauchos, indios, toldos, ranchos. De este modo va a armar una suerte de maqueta precaria, un campo donde la continua desterritorialidad hace las veces de tablero pateado, con piezas que ruedan desplazándose sin naturalizar ningún nivel de identidad. El espacio se enriquece no obstante en su perpetua metamorfosis, en el fulgor y evanescencia de una visibilidad que opera como el reverso de lo narrable, dándole al texto que más le debe a Copi, el signo de una radical artesanía. Jugar con los "grandes dilemas" de nuestra cultura, quitarles el peso y profundidad de la herencia para que, una vez convertida en juego, la Historia muestre sus piezas desparramadas sobre la superficie de la pampa. A propósito de las evocaciones del cine y de lecturas de novelas-folletín, la narración repone en su despliegue eso que condensa el mundo narrado, aquello que se incorpora como tema o excusa argumental del relato.

*El bautismo* es la novela que convoca al *Martín Fierro*: los personajes comentan su reaparición en una novela popular, confirmando el impacto de su circulación. Si la repetición del acontecimiento da lugar a la continuación transformada de la historia, el continuo se presenta en cierto modo como lo percibe el cura de la novela: la historia deviene natural, sencilla e inevitablemente se producen los encuentros; y, sin embargo, la suma de sus partes no encaja, produciéndose en su (re)presentación o en su relato, cierto efecto de extrañeza. Quizá se trate de un resultado provocado por el dibujo de lo real, allí donde se tocan acto y posibilidad y las cosas se dan en su precipitación. El temporal repetido ("repetido", como el rayo que asesta el golpe a Rugendas, como el nombre del caballo de Rosas en *La liebre*), testimonia la duda, la imposibilidad de nombrar y definir a un deforme recién nacido; ya en la segunda parte de la novela, se produce el encuentro casual entre el joven, ahora perfecto en su armonía, y el antiguo sacerdote que veinte años antes rehusó bendecirlo con los sacramentos. La iteratividad de la acción también se produce en la muerte por degüello de los padres del joven e imita en cierto modo la escena que vieron ilustrada tiempo atrás en el pasquín pueblerino: la carnicería de las siete mozas perpetrada por el Menguante alcoholizado disfrazado de policía. Pero la invención alucina con el carnaval como estrategia enmascarada de aparición: al mejor estilo de Copi, las siete agraciadas niñas son los hijos varones a los que un viudo enclenque quiso ocultar de la leva militar. Casi una parábola viene a mostrar esto que en Aira es la lógica general del sentido. Un número limitado de ilustraciones puede generar una cantidad de historias; lo nuevo puede residir quizá en el modo de combinar variables episódicas que siempre son, limitadas, contadas – y en un sentido donde la cantidad se trama conjuntamente al relato–. El vasco Mariezcurrena reescribe en registro de cómic el final del mítico *Martín Fierro*, interpretando las variaciones sobre su muerte a manos de la partida policial, sustrayéndose de las frases que pronuncian los personajes. Debe mantenerse en secreto una pasada acción reprobable, por lo que la intriga se justifica con las doncellas cuyas mandíbulas están ajustadas con alambres ya que no deben hablar. El enigma telúrico se vuelve irrisorio. El sentido proviene así del dibujo. Pero el clérigo transfiere el saber popular de la leyenda, revelando el desenlace del séptimo hijo varón convertido en lobo. La luna llena reproduce eso que la perspicacia del vasco captó como el misterio de los cielos: el infinito que implica todas las fases y a la vez el continuo de la simplicidad misma; en la divergencia de los relatos inventados, la luna es el punto de coincidencia para que vuelva a anudar la tradición nacional. En este sentido la fábula puede ser la base del trabajo artístico, el pretexto que alienta y persiste sobre la trama a ser contada. Pero además la fábula es el proceso de producción, la matriz que genera el conjunto de enunciados o mejor: el estado del lenguaje por el cual se vuelve significante y literal. Si el relato hace su aparición es para deslizarse sobre su propio eclipse, o para sobrevivir a un destino más allá de la determinación. En Aira el desplazamiento evita las trampas del concepto porque se sustrae a las prerrogativas de la referencia. Por el contrario entonces, el sentido se produce en el instante de su pronunciación, no fuera ni antes de la escritura. En el desplazamiento coincide lo que podríamos llamar "ilusión referencial" (cfr. Barthes y Rosa), el pacto que implica "seguir un hilo" en el tapiz de los relatos y el modo de estructurar o, mejor, de perpetuar o dar forma a la búsqueda de la letra para prolongar el acto de narrar. La bisagra del texto son los veinte años entre el nacimiento del andrógino y el diluvio que por casualidad reúne al joven y al sacerdote que le negara la unción bautismal. *El bautismo* es así la historia donde se dan esas "clásicas" operaciones airanas: el desdoblamiento y la proyección refractaria de uno en otro, los ecos de las palabras que convocan una fuente dudosa. Metamorfosis y anamorfosis son los procedimientos a través de los cuales la escritura toma su forma propia.

Decíamos: las historias de Aira cuentan fugas construyendo puentes, no de sentidos como entidades fijas, sino puentes de pura acción. En este sentido el tono pretérito y continuo de Aira produce un áurea remota, hierática y, a la vez, intimamente actual. Así, la figura clave es el narrador, siempre atento a cultivar el asombro y la avidez de su lector. Quizá sea necesario aclarar que su silueta forma parte de la tela de nimiedades y prodigios que, con la desesperación de Scherezade, provoca la estocada a la razón, asestando un golpe violento al clisé; los asedios de este narrador, terminan por provocar una embestida al magma indiferenciado de la *neutralidad*. Las situaciones que componen el mundo indiferenciado en Aira terminan por ceder, en algún momento, a los efectos de lo súbito y lo repentino, como un trazo zen. Y tal como sostiene Montaldo en el prólogo a *Los fantasmas*, el lector forma parte del mecanismo de construcción de las historias. Si el desplazamiento funciona como velocidad, el relato a su vez lo convoca como trabajo, tornando al procedimiento como la pura forma y función del acto de narrar. En esta instancia es cuando cabe pensar en el labrado artesanal de la escritura, la orfebrería de un modo de narrar atento al prodigio de peripecias y a la aventura alucinada de lapsos pasajeros en su propia monotonía: en la apariencia inalterable del transcurrir, anida el germen del giro abismal. Avatares y cataclismos formarán la base de una materia verbal que rompe cualquier nexo con la lógica cartesiana. Johan Moritz Rugendas, el protagonista de *Un episodio en la vida del pintor viajero*, un pintor alemán del siglo XIX, es el personaje "verídico" que vuelve a encarnar para Aira, los restos de un sueño viajero perdido en la llanura argentina. Como descendiente de pintores y discípulo admirado de Humboldt, Rugendas asiste a una contingencia, el azar que bajo la forma de un rayo interrumpe la sucesión de los días en su vida de artista.[36]

   Así, el accidente de una tormenta eléctrica y caballo descontrolado, señalan la transformación del hombre devenido monstruo. En cuanto al protagonista de la historia entonces, su rostro exhibe la marca indeleble de la irrupción catastrófica y deformante, que puede ser una respuesta a sus interrogaciones, abierta como senda oracular en las puertas del

---

[36] Candelaria de Olmos arma una trama de literaturas fundadoras, a partir de las hipótesis de Alvaro Fernández Bravo y Adolfo Prieto. Según la crítica los elementos que proporcionan no conciben tanto la fundación en términos de "irrupción histórica o cualidad intrínseca de los textos" (58), sino más bien como proceso discursivo con la forma de red intertextual, considerando las condiciones mismas del proceso de producción y su reconocimiento posterior. Desde esta óptica, De Olmos ubica a la novela de Aira en una trama que parte de la hipótesis acerca de la fundación territorial y cultural de la nación como obra del delirio: en este caso, la representación del Otro se complementa con una obra de delirantes ("Viajeros").

## "Vanguardia" y "tradición" en la narrativa de César Aira

desierto. Si de viajes se trata, fronteras y territorios coinciden con las imprecisas miradas, esos modelos de subjetividad que ponen de relieve la construcción de lo real. En este sentido y como es habitual en Aira, personaje y narrador anulan la certidumbre de reflejo fiel entre mundo o naturaleza y conciencia de ser, borrando las mediaciones allí mismo donde se instaura, desde lo pictórico y lo narrativo, el problema de la representación.[37] Creemos que la poética de Aira en su conjunto es el trabajo por saltar o eludir las mediaciones, y esta novela, no es una excepción al respecto. Esto quizá se manifieste más claramente si pensamos en el artista mezclándose de lleno con el festín; los reinos de la cultura y del salvaje extreman y neutralizan la otredad: primero en el asombro espantado de los indios, después en la indiferencia y la hilaridad del travestimiento. Siempre entre el exceso y lo mínimo, entre una larga duración (que acaba concentrada en uno o dos episodios) y el detalle de joyero (un significante sostenido por miniaturas, cada fibra en los músculos de los indios, cada trazo en la tela del pintor), Aira arma historias donde la acción es el soporte previo de un pensamiento, de una reflexión; en todo caso se trata de un modo distinto de barajar y dar de nuevo otros valores a las viejas razones de la tradición o de la Historia. Así, los efectos repentinos y las causas (posteriores y alternantes), son los resortes que la poética airiana necesita para la fábula y sus variaciones, que a veces, como en este caso, recurren a los registros documentales y biográficos del relato familiar. En este sentido, la genealogía (la herencia ancestral del arte y oficio) más el género (la aventura y su desenlace imprevisto) se vuelven pretextos para consignar una verdad que esquiva el orden de lo verdadero y lo falso, así como los trazos de un final excesivo y transfigurador para las clásicas prescripciones del "destino".

Las huellas que Rugendas va dejando en el desierto, escriben lo real en las formas más diversas de sus síntomas. Es entonces cuando el cuerpo/rostro del artista se vuelve "monumento", allí donde las inscripciones de la destrucción o la metamorfosis traducen el lenguaje en su condición de

---

[37] A propósito de los roles de precursor y epígono, desempeñados por Humboldt y Rugendas, Jorge Panesi señala los artilugios técnicos de la representación que ni se opone ni copia a la naturaleza, sino que "mantiene una relación de ósmosis con ella". Sin embargo, desde su punto de vista, la mantilla que protege los ojos del enfermo funciona como mediadora ("Encantos").

otredad: el momento culminante es cuando Rugendas trabaja mezclado con los salvajes, animalizado, indiscernible, en una suerte de extraña y caótica armonía. Mientras el cuerpo pacta con la naturaleza, sus signos se diseminan como archivos (los recuerdos y el legado de los ancestros), como estilo (la singularidad de la elección, el riesgo de las decisiones) o como tradición (el trazo de la experiencia propia vinculada con las ficciones científicas, es decir, la repetición y el desvío entre Humboldt y Rugendas, la adopción de las enseñanzas y la separación intelectual). De este modo, lo real entrevisto en el caleidoscopio de la llanura, se abre en versiones e insiste en la aventura asignándole a la letra y al trazo, la potencia de la acción drástica, absoluta. Se trataría entonces, de una experiencia literal, que desacomoda lo previsible por la irrupción del acontecimiento, en tanto experimentación con la forma verbal que coloca en un mismo nivel o en una suerte de línea horizontal, la anécdota (lo que le pasa a Rugendas) y el modo de decir. Dicho en otros términos: si el episodio del relámpago condensa la acción desencadenando, a la vez, sus efectos, la reflexión da "forma" a una voz tentada con pronunciar la experiencia directa. Así se produce una extralimitación que va a señalar un giro a la historia del artista (en cuanto a lo representado o a la materia del relato) y una puesta en superficie de la enunciación, como la escena ejecutada por un actor (que es el narrador, con máscara hueca, sin rostro esencial). Al mejor estilo de Gombrowicz, el encanto de las fábulas airianas, radica en la risa y en la extrañeza de una imagen tan plena en su precisión anecdótica como en la captura desmesurada de gestos y voces, del sistema que ampara la doble entrada de la calma y lo siniestro. Desarmar las estructuras donde la lengua se reintegra, donde busca ser legible y comunicativa; este es el programa de escritura que afirma Aira cuando hace ingresar al mito y la representación provocando la crisis de sus fundamentos: agotar la jerarquía y feudalidad del primero para demoler la identidad y el idealismo de la segunda. La operación resulta por demás extraña al combinar emblemas nacionales (indios, ejércitos, fronteras), con fábulas que exacerban su potencial de ficción. Si este programa no precede la obra, es porque esclerosado y barroco vacila en un puñado de visiones bufonas y sonámbulas, provocando deliberadamente un uso deficitario de aquellas formas del imaginario que cristalizó en la convención cultural. En la mostración de ese desgaste, Aira reconstruye la clave nacional de la literatura infiltrando un realismo tan avanzado como fraudulento, un contrabando de formas, ritmos y conexiones. Si el punto de partida son las figuras acreditadas por la tradición, lo que el autor vulnera es el valor documental y fáctico de las mismas, precisamente cuando arroja (poniendo toda la energía) gérmenes de situaciones, imágenes míticas o legendarias para restarles el peso y la carga de las creencias. La literalidad en Aira tendría que ver con la renovación material de la escritura, que trae aparejada una concepción de la literatura argentina a partir del uso y creación de nuevas formas. El sentido se desvía así de las verdades expresivas, tributarias de espacios ajenos al texto o referencias ocasionales a otras culturas. Se diría que la literalidad practica una presentación (sin el prefijo re, duplicador) tomando de la parodia sus aspectos más irrisorios, sobre todo aquellos que ponen en juego la técnica de la desproporción (el gigante y la miniatura, el todo y el fragmento, la acumulación y el vacío) y la inmadurez de la forma (nuevamente, al decir de Gombrowicz), ese contorno que no está acabado y no termina de cerrarse porque muestra el proceso de su hechura o formación. Así, el rayo es lo que sucede y es también su reverso camaleónico, la relación entreverada entre forma y contenido y su modo mimético de escurrir los restos densos del sentido, vaciando a la visibilidad del relato, de todo valor conceptual. En una escritura donde no existe pensamiento anterior a la acción, recuerdo y profecía marcan el estado de prórroga asumido como reflexividad, instancia intermitente donde los personajes intercambian, como actores, sus máscaras sin rostro, evitando así la certeza de la sustantivización.

Habría también, una voz, una tercera persona que cuenta una anécdota mínima y expone un saber especulando más allá de los hechos que afectan a los personajes; y como si estuviera entre bastidores, el narrador experimenta el delicado equilibrio de lo real, tensado en los extremos del acto y la posibilidad. Porque si hay un registro biográfico, cuya documentación de sucesos consigna las etapas de una vida, la cronología lineal y sucesiva da lugar a la condensación de un episodio que elabora el sentido del detalle, el acontecimiento único de un viaje que depara la fragilidad de la vida. De Europa a América. Pero luego otro cambio de curso abre "el libro de las mutaciones", dando lugar a la creación y a lo nuevo como trampa para Orfeos desobedientes, borrando todo aquello que se deja atrás. Así, la emergencia fulminante de la imagen (la plena visibilidad), es sostenida por el procedimiento del relato, allí donde sus mínimas variaciones son producidas por la repetición. La reinvención inocente de la experiencia, la reaparición de los malones en los intersticios de la expedición, son "historia concentrda", la miniatura barroca, por exceso y acumulación, pormenores que proliferan y son simultáneos a la inconsistencia y a la levedad. Decíamos antes, repetición y desplazamiento es una operación básica en la poética de Aira.

Relato e invención preceden a la emergencia aislada de la realidad dotándola de un tiempo ritualizado, de presente absoluto que muestra lo que sucede y presta movimiento teatral a los personajes. El tiempo está garantizado por la historia armada desde un punto de vista fijo, el alter ego de Rugendas o su doble gemelo que narra no solo lo que ocurrió sino también lo que podría llegar a suceder, más allá del final de una novela que no cierra. Movimiento e inmovilidad es otro modo de pensar y de hacer la escritura, cuyo signo más extremo es la metamorfosis de hombre en monstruo. El relámpago es la viva manifestación del instante, el desastre que corta la cómoda sucesión de los días y precipita con máxima velocidad, la intensidad suicida de quien se construye en su propia disolución. La figura del artista realiza en sí mismo un mito que sobrepasa los límites de la subjetividad; sólo importan los dibujos y por ello Rugendas no escatima ni riesgos ni costos. La ausencia de nexos lógicos, de tácticas verosímiles que acrediten al texto con mecanismos miméticos, la falta deliberada de explicación que respalde los actos del personaje (lo que Lukacs considera como la racionalidad del género novela), es la fórmula que define en Aira el modo de narrar: el relato tiene que ser portador de algo no dicho.

Llegado este punto, es el misterio antes que el secreto lo que define la narración como arte, como trabajo que decae en la medida que incorpora las enmiendas de la aclaración, o la justificación de la aventura. Si algo reclama la historia es, tal como lo decíamos, puentes de acción que hablan del continuo, la animación que suspende el relato y que no obstante va a pedir y provocar alguna catástrofe. En otros términos, el relato pide seguir adelante, como con Scherezade, pero simultáneamente hay intervalos de aplazamiento y demora, abismos sobre los que hay que arrojarse o saltar. El continuo, que une todos los elementos, no entra en fricción con la manifestación inmediata de algún cataclismo, entrada que hace posible la velocidad, como cualidad de la prosa. Los dibujos de Rugendas, sus apuntes y bocetos, su trabajo en ciernes continúan la historia, proyectan la trama hacia adelante evitando las escenas sueltas. La voz del narrador hace que todo esté encadenado, siguiendo un hilo que nunca se corta. O mejor dicho, queda suspendida en el limbo de la palabra cuando el narrador, cansado de dibujar o de escribir cartas, las disemina entre corresponsales cuidadosamente elegidos. Ahora bien, ¿cómo hace Aira para lograr que la brevedad veloz de la historia sea compatible con un viaje que dura dieciseis años? El modelo de relato que propone Aira no se aviene con la monumentalidad totalizante, antes bien y como viene quedando subrayado, la digresión, el desvío, el fragmento si se quiere, elaboran una relación singular con el todo convocándolo desde una interrupción fantasmática, desde una historia que se trabaja como miniatura (los hechos se condensan, se repiten aún con un modo de enunciar que suspende el relato para dispersarse en reflexiones o conjeturas). Aquí ya podríamos leer las claves de un espacio que incluye o envuelve un tiempo y reparte por imperio del azar algo así como nuevas tiradas, golpes de suerte donde nada es como se esperaba, donde la sorpresa escapa a la doxa o al modelo; por la experimentación paradojal, o a través de los pliegues y rugosidades de avatares extraños, comienza a filtrarse la fuga y la permanencia, aludiendo a dos modos de transmitir la experiencia.[38] Sólo que Aira sintoniza simultáneamente ambas procedencias, por la falta de mediaciones que es inherente a su prosa. Rugendas no inicia ninguna ex-cursión, no sale de su lugar de origen con una vuelta asegurada, antes bien, in-cursiona en otro mundo, adaptándose vertiginosamente al nuevo estado de cosas. Quizá por ello en él prevalece la ambigüedad, cierta indeterminación o "inmadurez",

---

[38] Tal como Benjamin nos enseña, existen dos fuentes para el modo de transmitir relatos; la de quien viene de lejos como mercader o viajero, y la del artesano que recupera las tradiciones del lugar, brindándolas a sus coetáneos y descendientes ("El narrador").

tomando en préstamo el término de Gombrowicz. De ahí, el lujo y la precisión artística, la captación de los detalles en la escena del malón, por ejemplo. Rugendas capta y reproduce al sesgo en una apoteosis verdaderamente barroca, cada movimiento vivo de los indios, cada fibra de cada músculo. Es aquí donde la precisión del resultado tiene origen en la forma de una conciencia que no está terminada y en un cuerpo alterado en la evolución de su especie. La necesidad de la Forma, la puesta en escena del proceso de escritura dicen mucho de la representación, pero no como marco referencial que acredita la abstracción del concepto, sino la mostración de la mirada, del artificio y el efecto incierto. Dentro de una situación no puede haber un vacío, o, en todo caso como le acontece a Rugendas, el vacío acecha (como la escena que describe el camino devastado por la plaga de langostas) para convertirse en horror. De ahí la inestabilidad narrativa, donde sólo hay una regla que se cumple: todo mundo debe ser el receptáculo de otro.

Decíamos antes que Rugendas como discípulo de Humboldt y contemporáneo de Darwin practica en dibujo la fisiognomía de la naturaleza. Sin embargo, aquí también se produce un desplazamiento, porque el gran discípulo se aparta convencido de las recomendaciones de su maestro. Sustituye el gran trópico de la selva brasilera y su fastuosa vegetación, por la nada de una llanura siempre igual. En pleno positivismo, Rugendas es un artista barroco: prefiere inventar el vacío antes que tomar lo dado. De esta manera, vive su aventura de viajero con una disposición previa a un ejercicio concreto: la invención. Eso es lo que verdaderamente estuvo antes, antes que el dato desnudo del modelo científico de la época, antes que la autoridad fáctica del documento. Y el carácter del documento es lo que, precisamente, Rugendas da vuelta; eso es lo que hace girar resaltando, otra vez, los extremos: el realismo de la invención. Se trata de la autenticidad de una experiencia única y singular por ser física y tangible en su novedad, la suprema necesidad de acumular acción traducida en otro reclamo: hacer arte, dibujar, pero también escribir. Rugendas se coloca enfrente de un modelo que pretende garantizar con la taxonomía o la clasificación, el carácter dado y causalista del mundo. El espacio es ante todo tablero donde opera una nueva forma de lo viviente, una suerte de cosmogonía donde reina la singularidad universalidazada o mejor aún, ubicua y cambiante. Con las cartas que escribe, Rugendas no hace otra cosa que preparar a sus amigos para una recepción inesperada. Tal vez por estas razones podamos pensar en cierto registro de tiempo (conjuntamente con la actuación de los personajes) que convoque el carácter teatral de la escena, el postulado de un tiempo teatral que habilitaría el pasaje del cómic al teatro, umbral tan solo insinuado o marcado débilmente por la intensidad del relato. Un tiempo heterogéneo, no sucesivo, un presente absoluto, el de la voz que está contando. En esta novela de Aira, el cambio de un medio a otro es apenas uno entre una proliferación de pasajes: entre los sexos, entre lo humano y lo animal, entre el niño y el adulto, entre la vida y la muerte: antes que la emergencia de un elemento esencial, está el relato como procedimiento. Podría decirse que su poética impulsa ante todo, la ética de la invención. Las máscaras sustentan en gran medida la alienada autenticidad, la inconsistencia y falta de espesor que desaloja el lugar común: no sólo se travisten los indios; Rugendas hacia el final, cubre su rostro con una mantilla de encaje negro (sus *ojos* están cubiertos, puestos a resguardo). El trayecto que separa a América de Europa también cubre y modifica los lapsos de la experiencia que afectó al pintor, tal como lo deja consignado en sus cartas. De esta manera, la literalidad que permitiría suponer una certeza (la aseveración "soy un monstruo"), genera un contraefecto, validándose tan sólo como antesala de la experiencia inmediata. "Una cosa es decirlo y otra muy distinta es que lo vean" dice el narrador (80). Para que Rugendas entre en la piel de un monstruo, antes tuvo que inventarse para describirse, describirse para narrarse. Más que la relación arte y vida, como la planteaba la vanguardia histórica, más que una versión en contra del canon estético, Aira corre el velo de la tradición occidental para privilegiar la invención, pero como continuo entre procedimiento y resultado, entre acto de enunciación y objeto enunciado. "Para que alguien pueda contar una aventura, antes tiene que haberla inventado, por ejemplo, viviéndola" (80).

Primeras conclusiones interrumpidas

Si de espacio se trata, el tiempo es condición tanto para tramar las ficciones de la Historia (el siglo XIX) como para armar una lógica paradojal que funciona como máquina de narrar (el tiempo pasa y no pasa, en sintonía con una llanura formada por puntos, líneas y posiciones, un mapa que en realidad trabaja como pretexto para sostener el azar, la contingencia, el incidente y la casualidad —y no la causalidad— como potencia narrativa). En Aira siempre se trata de contar y mostrar, hacer visible eso que cuenta, que "inventa". En este sentido, el campo de Aira no sirve al testimonio ni a la denuncia, tampoco al modelo de la representación atenta a los signos claros y distintos. De un modo diferente, sus textos dejan ver un estilo que elabora lo real a partir del extrañamiento. Las fuentes de este trabajo habría que buscarlas no solo en los restos de la gauchesca decimonónica sino también en la reescritura del género consumada por la vanguardia de los setenta bajo el nombre de *Literal*.

Desde esta perspectiva Ricardo Zelarayán constituye casi un mítico efecto afirmado por Osvaldo Lamborghini. Abocados a sostener la materialidad del género, reconstruyen al sesgo esos aspectos que subrayan lo verbal, el habla convertida deliberadamente en producto o artificio, la manipulación de la oralidad para promover el goce de una insistencia; el uso de formas populares destituye la fe en la espontaneidad y la ilusión de un origen. Más aún: lo popular se pone al servicio de una escritura de elite, enfrentándose con estilos populistas. Lo que propicia la neogauchesca de los setenta en adelante, es la condición inconsciente y significante de la palabra transformada en letra. Podría pensarse así en el decomiso de un género, lo cual lleva a analizar aquellas operaciones culturales que ponen en juego el uso de textos, de épocas, de tópicos que permitirían ver las claves ideológicas de un autor. De las lecturas de un escritor pueden desprenderse obstinadas remanencias del pasado o aquellos aspectos que lo proyectan hacia el futuro mediante pactos tácitos, alianzas explícitas, condenas o disputas que, de cualquier manera exponen los ritos de una confrontación, en última instancia, siempre social. Entre el pasado y la posibilidad de elegir los medios de producción, la Historia es árbitro y en cierto modo, discursividad que funda y regula el uso de la lengua; la escritura resulta así suspensión para medir y calibrar las procedencias —los recuerdos— y la ruptura como acto que inaugura un cambio de mentalidad o de conciencia. En este último sentido Aira puede ser visto

## "Vanguardia" y "tradición" en la narrativa de César Aira

como clásico, valga la paradoja sólo si recordamos el sentido que Italo Calvino le otorgó a ciertos textos y autores. Como sea, la lengua, el estilo y la escritura son los términos mediante los que un autor conjuga el corpus de una acción limitada, la mitología personal y privada de la ceremonia carnal de sí mismo –la experiencia de la materia– y la identidad formal que define su propio modo y deseo de concebir la literatura. De acuerdo con el modo en que Aira procesa los datos objetivos de su consumo literario –esto es el sistema de citas que elabora–; teniendo en cuenta la elección de un tono, la elocución y la naturaleza material de la palabra con la que afirma una significación más la carga que pone sobre la construcción del mito de artista, se puede sostener que es un escritor de vanguardia. La lógica singular de sus textos, el sentido generado a partir de la paradoja y de operaciones que disuelven la solidez conceptual del modelo abstracto de la representación, redoblan la apuesta por un extrañamiento –como fusión entre procedimiento y resultado– único en la literatura argentina. Entre la reinvención del margen y la traducción imaginaria de una lengua extranjera, César Aira diseña una "identidad" singular capaz, como es, de fundar en el área social de la recepción, la tradición de lo nuevo, desplazado respecto al centro, para alojarse en el lugar privilegiado de la crítica literaria actual. Tensión entre los extremos de lo grande y lo pequeño, el infinito y la miniatura; la reduplicación de signos y desdoblamiento de los personajes; la destitución de la causa para que proliferen los efectos; la presencia de límites que no funcionan como cierre sino como sismos narrativos y alteración de lo previsible; indeterminación de categorías sujetas a la conciencia o a la razón occidental.[39]

---

[39] La filosofía moderna desde Descartes se hace cargo de hacer explícita la importancia de la verdad de la autoconciencia, la cual con Hegel se despliega como memoria al convertirse en interiorización de la exterioridad articulada en el tiempo. El recuerdo implica depositar algo en el recipiente de la memoria lo cual significa, según Vattimo, despojar al menos inicialmente, el elemento de experiencia de su accidentalidad, convirtiéndolo en un término de la historia del sujeto, insertándolo por lo tanto en un *contexto más universal*. Hegel alude al hecho de que para él se trata de un proceso de apropiación organizado de modo rígidamente teleológico. Especulatividad, historicidad, orden teleológico del proceso, se concatenan con la noción hegeliana de pensamiento (el objeto del pensamiento es para Hegel el ser entendido como el pensamiento que se piensa a sí mismo). Olvido y memoria están conectados en la condición metafísica, en tanto pensamiento que corresponde a una época en la que el ser se da al hombre

El campo de Aira es menos un aleph que alumbra que un prisma que desparrama percepciones. Si los umbrales están en la obra de Aira es porque la constituyen en la concreción de imágenes que modifican el curso de la acción. En este sentido es posible leer la significación del procedimiento, no como ornamento exterior y anterior a la escritura sino como el estilo creado a partir de la narratividad en su máxima potencia. De ahí que el mínimo episodio se active como baliza en la escritura. De ahí que el acto de narrar preste la forma a eso que finalmente resulta de la necesidad de seguir hacia delante anulando el recuerdo de un mundo preexistente. Si la memoria corta el flujo del relato, el olvido es lo que recupera el acto de contar, porque no se trata de explicación sino de invención. En este sentido Rugendas, Clarke, Ema, Asis, Moreira o el joven Mariezcurrena por citar solo algunos de los protagonistas gauchescos y forasteros en la obra de Aira, terminan siendo algo muy distinto de lo que parecían al comienzo, y rompen el pacto de creencias cristalizadas en un verosímil acreditado por el consenso de lecturas institucionalizadas (vale decir, de aquellas operaciones culturales acuñadas por los intelectuales al servicio del Estado, como el caso emblemático de Leopoldo Lugones; o bien de la crítica de la gauchesca encuadrada en el respeto por el registro verosímil, de Ricardo Rojas hasta Jorge Becco y Angel Rama). Pero la marca tradicional requiere y demanda convenciones que legitiman o direccionan determinados modos de leer. Ese sustrato es lo que Aira va a "traicionar" desertando de lugares asignados, defraudando expectativas de un sentido estable. Al licuar el peso de las apariencias, los personajes resignan lo típico y descorriendo el velo de la objetividad crean una "Historia inventada". A la manera de quien define el arte menos como imitación de la vida que como disposición lingüística que hace de la vida una imitación, las novelas de Aira terminan más conectadas con el teatro que con la génesis histórica del género. Porque todo gesto borra el anterior promoviendo otro, la iconografía de sus textos rechaza las mediaciones de la explicación.

---

en el horizonte del fundamento, o con el término griego originario, el LOGOS. La posición absoluta alcanzada por la conciencia es para Hegel un hecho (aquello que es real es *racional*). Podemos pensar porque estamos en un determinado punto de la historia. Este está caracterizado como la perfecta coincidencia de fundación (causalidad real) y de explicación racional (Hegel, *Fenomenología*; Vattimo, *Las aventuras*).

## "Vanguardia" y "tradición" en la narrativa de César Aira

Aira no sólo tematiza los márgenes –el desierto, la frontera, el campo, los suburbios barriales– sino que moldea su ínsita porosidad para crear un lugar de enunciación, en definitiva, un modo de hacer y pensar la literatura, sin residuos de corrección ni bellas letras. Si el arte de magia es la clave del misterio en la poética de Aira, el azar es el antídoto contra la lógica causa-efecto o las categorías universales de espacio y tiempo. Desde este punto de vista y contra lo universal kantiano, la ubicuidad de lo viviente se plantea en su plena radicalidad. Los cambios de estatuto que muestran los objetos –de la narración– sin esencia, proponen una modulación temporal que implica una variación de la materia como un devenir continuo de la forma. Sin embargo, no se trata solo de una concepción temporal ya que el moldeado perpetuo de los componentes textuales supone también una noción cualitativa de la cosa. Lengua y sexo de los personajes, color y matiz de los espacios, la acción sin prescripciones teleológicas, que impulsa hacia delante las líneas argumentales; todos son rasgos y elementos flexibles que dejan al descubierto el instante donde quedan abolidas todas las certezas. Algo de lo monstruoso se instaura, como una constante mutación que revuelve los principios y los dogmas, la ortodoxia occidental que subordina la letra a la reproducción del mundo (vale decir: se trata de una escritura que desestabiliza las versiones europeas de la representación narrativa concebidas por Auerbach o Lukacs. En este sentido, puede pensarse la poética airana como una nueva definición del género ya que invierte y desplaza los postulados desarrollados en Europa sobre los conceptos de mímesis y representación; de este modo procede a realizar la ruptura formal del concepto). Una estrategia peculiar se esgrime cuando la visibilidad encarna en los simulacros, en la escena deliberadamente inmediata respecto a su procedencia material. El efecto teatral y la calidad de la escritura como artefacto dejan ver la transformación de los elementos en movimiento incesante, elementos que presentados en las figuras del relato, potencian el grado máximo de invención. Aquí es donde tiene lugar el acontecimiento. Espacio y personaje cambian de naturaleza por lo cual tratándose de Aira, habría que pensar en inflexiones y puntos que van a diseñar un territorio o sitio que surge de líneas, posiciones y curvas. Podría decirse, entonces, que la experimentación geométrica es lo que produce el campo, como figuración de la espacialidad.

Son estas variables las que ponen en tela de juicio la idea de verdad según el sujeto, hipótesis que nos facilita la posibilidad de leer a César Aira como un escritor barroco. Se trata ahora de la condición bajo la cual la variación presenta una verdad —inherente al régimen de la textualidad—, manifestando un sujeto. Esta es la idea de perspectiva barroca. Así puede leerse el curso sesgado y al bies del sentido, en dirección del incidentalismo, la contingencia y el continuo, liberando las máximas posibilidades de la coincidencia y los encuentros casuales. Toda una celebración del tránsito de la fortuna, un motivo que en el Barroco clásico español centró su funcionalidad en una visión pesimista de la experiencia en crisis.

Experiencia y lenguaje

Como puede leerse en muchas de sus novelas, el sujeto es un problema central en Aira, o por lo menos un agente que concita atención crítica; esto se produce en aquellos textos en donde el yo que narra es coleccionista protagónico de anécdotas (el narrador es también personaje como en *La luz argentina, Embalse, Las curas milagrosas del doctor Aira, El llanto, Como me hice monja, Fragmento de un diario en Los Alpes*) como en esa suerte de sujeto observador que interviene, con su mirada y su opinión, en el desarrollo de los hechos. De cualquier modo, y porque el sujeto es cuestión para atender, la narrativa de Aira está lejos de inscribirse en la tradición del pensamiento clásico por hacer de la relación entre el yo y el objeto, una operación básica en su escritura.[40] Si para leer a Aira abandonamos el modelo de una lógica de la trascendencia y de lo dado (que tiene raíces muy antiguas en la metafísica occidental), veremos que es en el lenguaje donde el sujeto que narra tiene su origen y su lugar propio. Pensar la experiencia significa entonces detenerse en

---

[40] Tal como Giorgio Agamben lo señala, para la Antigüedad el problema central del conocimiento no es la relación entre un sujeto y un objeto, sino la relación entre lo uno y lo múltiple; de modo que el pensamiento clásico desconoce un problema de la experiencia como tal; y aquello que a nosotros se nos plantea como el problema de la relación se presenta en cambio como el problema de la relación entre el intelecto separado y los individuos sigulares, entre lo uno y lo múltiple entre lo inteligible y lo sensible entre lo humano y lo divino (*Infancia*).

esa capacidad de registrar no sólo los motivos que generan y sostienen el relato sino la aptitud del locutor para situarse como un ego. En este contexto, quiza resulte fácil advertir que tal experiencia en Aira a menudo surge (paradójicamente) como regreso a la juventud o a la adolescencia (*La serpiente, Un sueño realizado*) y otras veces a la infancia (*Como me hice monja*). Pero es con *El tilo* cuando se pone en evidencia que la infancia no es algo anterior e independiente del lenguaje, del acto mismo de narrar. Porque aunque se puedan sustancializar unas imágenes y un silencio como signo de interrogación que atesora el misterio del pasado, el ofrecimiento generoso de su interrumpida develación se produce en el instante que la narración cobra su sentido más pleno, ni antes ni después. Por ello, la narrativa de Aira o mejor su condición (la narratividad), se sitúa en el punto de inflexión donde el antes y el después, sin confundirse, se comunican como un sistema resonante, allí donde el eco y la presencia real del sucedido insisten en la actualidad de la enunciación, en su misma transformación. Desde este punto de vista podemos distinguir y sostener el continuo entre diacronía y sincronía, allí donde también resulta posible captar como un *archiacontecimiento*, en términos de Agamben, la unidad-diferencia entre invención y don, naturaleza y cultura. *El tilo*, una novela de la que bien podría hablarse como la perfecta síntesis de la poética airana, pone de manifiesto una ficción de origen que sabe de su imposibilidad de reducirse a "hechos" objetivamente datados porque todavía no ha dejado de acaecer. "Tal como lo recuerdo", tal enunciado es la cifra en la que la mirada pueril del adulto se conjuga con la duda que persiste, con el acto de interrogar inconcluso del insistente "¿porque?". Si la afirmación de la incertidumbre retoma el mundo familiar, narración y cotidianeidad, son las piezas claves de la reinvención de la infancia, más que la radiografía de la memoria. Ese será el punto que muestra la demanda de continuidad, el estado activo de un sujeto, sistema de una enunciación abierta asumido como práctica hipertélica, donde el yo va más allá de sí mismo. El yo niño queda objetivado por la adultez que no finalizó de responder; sin embargo, el yo adulto responde ante la instancia de cambio, modificándose y exponiendo esa forma y ese estilo que nos había ayudado a advertir Gombrowicz: forma como inmadurez, estilo como inacabamiento. Así, la temporalidad de la que hablábamos se traduce en una suerte de pretérito imperfecto y de presente continuo donde el lenguaje excluye la eventualidad de presentarse a sí mismo como totalidad y verdad, salvando que la verdad (lo real) sea la experiencia misma:

> ¿Y por qué venía aquí mi padre los domingos a la mañana? De una cosa iba saliendo la otra, eso es lo bueno de la memoria. Al responder a esa pregunta podía hacer una especificación temporal más: eran los domingos de primavera. El recuerdo me iba acercando en una progresión infinitesimal al presente... (122)

El narrador de *El tilo* bordea, busca y juega con el límite y la adecuación (el ajuste de cuentas) entre infancia, verdad y lenguaje, constituyéndose en una singular relación histórica, presentada sobre todo en los extremos del presente y del pasado que desafían constantemente sus fronteras.[41] Como lo hemos puesto de manifiesto más de una vez, la historia en Aira es central, y lo es como testimonio de ese tránsito o pasaje del balbuceo o del flujo interior al discurso. En esto consiste la narratividad propiamente dicha: se trata del reconocimiento de un síntoma y de la comprensión del grado máximo de eficacia en el arte de narrar, creación artesanal que no evita ni la ligereza ni la simplicidad. Por eso la fábula, –algo que sólo se puede contar, y no el misterio, sobre el que se debe callar–, contiene la verdad de la infancia como dimensión original del hombre. La fábula hace prevalecer el mundo de la boca abierta (tal como lo indica Agamben, por la raiz indoeuropea "bha", contra el mundo de la boca cerrada, de la raiz "mu"); tal compulsión por contar (además de publicar) y de acceder a la iluminación reveladora, a la epifanía del recuerdo abonan la ficción de una confidencia en la cual el autor, narrador y personaje elabora su imagen y su mito. Esta suerte de continuo tiene una consecuencia inmediata, que se combina con la invasión de la vida por el juego: la modificación y aceleración del tiempo. Pero esa

---

[41] Lo que Wittgenstein plantea como límite "místico" del lenguaje no es una realidad psíquica situada más acá o más allá del lenguaje en tanto experiencia mística, sino que es el mismo origen trascendental del lenguaje, es simplemente la infancia del hombre. En *El tilo* se da cuenta de este problema a través del retrato de un hombre- niño que tiene una infaancia y la explora. Con Agamben, con Wittgenstein y Benveniste sabemos que en tanto no se es hablante desde siempre, el sujeto del lenguaje habla para decir, fundamentalmente, yo (Wittgenstein, 1922, 1997; Benveniste, 1978; traducción de Juan Almela).

## "Vanguardia" y "tradición" en la narrativa de César Aira

velocidad que supone la juntura de los extremos, la simultaneidad, que más de una vez hemos señalado, prevé la inestabilidad del calendario (los días de fiesta, los días de escuela, las estaciones del año, las horas del día que encierran "el secreto" de la casa), y que la rememoración se empeña en conjurar de su definitiva desaparición. Quizá sea la zona más privada de la novela, el relato doméstico, eso que nos permitirá entrever el sentido que prolonga el único día de fiesta que convoca a todos los habitantes de Pringles: la inauguración de la estatua de la Madre. Porque un tiempo cuyo ritmo se basa en la alternancia y la repetición, propicia las condiciones para que la risa y la broma absurda de los niños fijen el punto donde la recuperación del sentido puede prescindir de la explicación y de la causalidad de la "visión" (no debe sorprendernos tanto: después de todo, en Aira, todos los niveles de la narración operan en función de la *visibilidad*). El bullicio y la baraúnda hacen que los acontecimientos desplieguen su potencia de modo paralelo y asintótico. Desde esta perspectiva, la reactualización del recuerdo de un "chico de diez años", capta el prodigio misterioso de la plaza con su masa colosal de pérgolas y fuentes; el *déjà vu* entonces, reaviva la estadía en ese mismo lugar a través de paradas, pausas, detenciones, permanencias, altos. Es el tiempo paradójico del movimiento e inmovilidad, de la duración suspendida que transforma en puente, el paso entre la infancia y la inacabada madurez. El continuo vital y proteico vuelve en espiral al punto de partida: la recolección de las flores de tilo, el plasma vertiginoso e inmediato que pone los recuerdos al alcance de la mano.

> Nos separamos. Yo quise dar una vuelta, apreciando un paisaje virtualmente nuevo para mí. Ya dije que era una mañana de primavera, soleada y perfecta. De pronto, extrayéndome de la máquina infernal de la Madre, tenía mucho para ver. (118)

> El hilo de Ariadna, el rastro de miguitas de pan, para no perderme en mi cámara de maravillas, era el Estilo; y la Plaza estaba toda hecha de Estilo. A la Plaza empezaba a reconocerla, y a reconstruir las circunstancias que me habían traído aquí en otra época. (121)

Nuevamente, la repetición. En la escritura de Aira se consuma esa relación de correspondencia y de oposición entre juego y rito, en el sentido de que ambos mantienen una relación con el calendario y con el tiempo.[42] Incluso la cultura se presenta aquí como la superficie laminar donde la literatura clásica y los cuentos populares con motivos infantiles (como Pulgarcito y toda la tradición de duendes y ogros) está atravesada por una mirada horizontal. Ahora bien, mientras que en el rito prevalece el intento por anular el intervalo que separa mito y presente, el juego realiza "una operación simétrica y opuesta": disuelve la estructura que conecta a pasado y presente para reabsorberlos en los acontecimientos puros. Podemos afirmar que la finalidad del rito es resolver la contradicción entre pasado mítico y presente, anulando el intervalo que los separa y reabsorbiendo todos los acontecimientos en la estructura sincrónica. El juego en cambio ofrece una operación simétrica y opuesta: tiende a destruir la conexión entre pasado y presente, disolviendo toda la estructura en acontecimientos donde la sincronía (en este caso, el presente de la enunciación) se transforma en diacronía (la "mágica" e instantánea recuperación de la escena infantil). Si el rito es entonces una máquina para transformar la diacronía en sincronía, el juego es por el contrario una máquina que transorma la sincronía en diacronía. Desde este punto de vista ambas instancias se constituyen como una sola máquina, lo cual nos permite incluso volver a pensar en el problema de la representación: el juego en Aira implica, más que objetos, acciones, como una suerte de trama convertida en maqueta duplicadora. Sin reaseguro conceptual ni garantía epistémica, los solitarios juegos del niño pringlense tienden a convertirse en materia de una singular manipulación. Ejemplos de esto puede ser, siempre con el delgado equilibrio entre presente y pasado, la lógica de las velocidades, otra vez el simulacro cuando el pequeño finge lentitud para despistar al caminante paralelo y acelera para aparecer cuando menos se lo espera. Es la estratagema sin meta ni propósito de quien hace creer al otro lo que no es, y se divierte al desorientarlo de sus datos sensoriales mediante la realidad de una visión repetida (el otro caminante ve al niño dos veces, antes y despues: aceleración y carrera contra nadie, el freno gradual sorprenderá al vecino de trayecto, en el simple acto de un paseo matinal). Este episodio condensa la lógica

---

[42] El rito fija y estructura el calendario, el juego lo altera y lo destruye (Agamben).

poética de Aira. Antes y después (el niño y el adulto, también la lógica del cambio de velocidad, el ritmo o las frecuencias fingidas).

Si antes decíamos que *El tilo* condensa las claves de la poética airana, es porque la historia, como fábula nacional o ficción patria, tampoco está excluida; y no puede estarlo desde que las extensiones del hilo de Ariadna llegan hasta la biografía del padre, quien es adivinado entre las brumas del recuerdo, como un gigante benefactor. Se diría que no hay fractura entre la novela familiar y la irrupción del peronismo, que en la novela se resuelve como una trama conjunta y simultánea; la entrada en la historia le abre el abismo a la estabilidad hogareña que hasta ese entonces no sabía de irrupciones (el peronismo llega y brinda protección laboral al padre) ni de suspensiones (el peronismo desarma el orden que él mismo había constituido con su desaparición y la prohibición del nombre Perón).

> Toda mi vida se tiñó de ese color irreal de fábula; nunca más pude hacer pie en la realidad. (...) El peronismo tuvo algo mágico, algo de consumación de los deseos. (12 y 16)

Ese sistema de enunciación al que antes nos referíamos, ese narrador que cruza y altera los límites de los géneros (la novela y el ensayo), explota al máximo las posibilidades que le brinda esa gimnástica flexibilidad, como una cualidad para propiciar la reflexión y la polémica (y Aira es un escritor polémico). En este sentido, por ejemplo, la transmisión radial de las novelas gauchescas de Chiappe, compartidas con deleite por la madre y el niño, marcan el ingreso de la cultura popular de masas en la esfera privada. Asimismo, atraso y progreso marcan las direcciones de una temporalidad en el sentido por el cual la cultura le cede a la naturaleza algunas de las ventajas esperadas, con el tono levemente irónico, distanciado al que Aira nos tiene acostumbrados: "A partir del 55 (...) llegaban novedades a Pringles, llegaban, tan postergado, el siglo XX" (36). Por ello mismo, el sistema de enunciación es marca de estilo registrada en cuanto a la distancia adoptada, lo que en cierta forma es indicio de exotismo deliberado en tanto palabra flotante o suspendida, ingrávida, sin que la moral de la responsabilidad o el peso del deber; su gesto de eterno extranjero coloca a Aira en el lugar de quien puede hablar de política liberado del compromiso pero amparado en el encanto de la fábula patriota y familiar. En lo que respecta a la experiencia política, el texto desarrolla una dinámica visión de un mundo que se construye en base a la "planificación, la racionalidad y la administración", contrastando con la visibilidad de una frontera que expone el otro costado, el límite de la civilización y la barbarie, o entre el campo y lo que no llega a ser ciudad, señalado en el atraso remanente y obstinado. Lo privado se genera en esta concepción de la realidad social ya que las familias preven el numero de hijos, por cuyo efecto el narrador manifiesta una suerte de asombro e inocencia (si puede entenderse la inocencia como artificio), al pensar en la condición de hijos únicos que también comparten sus amigos. En Aira, la magia o la casualidad son motivos que funcionan como claves para hacer de la vida una concepción de la literatura. De este modo puede pensarse también la anécdota de la colección de estampillas cuando vuelve a aparecer casi por milagro la serie completa de Perón y Eva; una vez más se anudan lo público y lo privado, exponiéndose en espiral mediante la lógica que el propio narrador elabora cuando accidentalmente escucha una frase de su padre: "la vida al revés"; así el mundo al reves es la clase media peronista, la madre del amigo al que el pequeño narrador considera "rica"; sin embargo, en el resto del pueblo, la prohibición y el olvido del peronismo deja un rumor de maledicencia sobre el padre (un electricista municipal que le debió su puesto al gobierno); la vida al revés no es lo mismo que el mundo, es el padre muerto de su pequeño amigo "L".

## Historia privada

Tratándose de una ficción autobiográfica, es llamativo el modo en que el narrador omite los nombres propios.[43] De un modo peculiar, la

---

[43] Para su teoría del género autobiográfico, Rosa recupera y reelabora el pensamiento de Bajtin, ya que este le confiere al tiempo una participación fundamental en la construcción del yo. Desde este punto de vista puede percibirse el contraste con el análisis de Philippe Lejeune. Por un lado, la categoría bajtiniana de autor-contemplador-exotópico tiende a deconstruir el carácter unitario de la entidad autor y de la entidad personaje, postulando en términos fenomenológicos una escisión entre sujeto y acto y suponiendo de este modo la base de una concepción dialógica. Por otro lado, Lejeune se ubica en una dimensión discursivo-pragmática al otorgar al proceso de enunciación una congruencia exacta entre autor, narrador y personaje, lo cual daría como presupuesto cierto orden de autenticidad del texto, como deuda contraída con las corrientes teóricas de la pragmática textual. A la aporía suscitada por un mismo uso de procedimientos tanto en la autobiografía como en la novela autobiográfica, Lejeune propone la categoría del "pacto autobiográfico" que, afirmando textualmente la identidad entre autor, narrador y

novela gradúa ciertas dosis de misterio al eludirlos, sobre todo teniendo en cuenta la frecuencia y la soltura con que Aira los baraja en no pocas de sus novelas. En *El tilo*, la mención y la elipsis acentúan el claroscuro que se rompe con la excepción de un nombre: Osvaldo Lamborghini.

Sabemos que repetición y continuo son dos marcas de la escritura airana. En este sentido funciona la ceremonia por la que cada año se celebra el remate de las instalaciones edilicias que son la morada del narrador; y esa suerte de parodia de acto jurídico no hace sino confirmar el delgado y misterioso equilibrio entre la sucesión de los hechos (que casi son esperados por los moradores de la casa) y el secreto obstinado que afirma una pertenencia sin explicación. Así, la anécdota es uno de los nudos de la repetición, el disparador de la peripecia en medio de esa expectativa de cultura y progreso que llega de la ciudad (el colegio Nacional) y la calma lindante con el espacio rural. Pero también se trata de la repetición en el nivel de la descripción que da cuenta del modo en que está compuesta la casa, el gran número de cuartos todos iguales: "Aunque por supuesto no eran iguales; cada uno estaba en su lugar, y esta diferencia era irreductible" (70). Nunca sucede nada que rompa el vínculo entre los habitantes y el espacio, nunca el desenlace del remate pasa más allá del labrado de un acta, más allá de una vida que promete ser como siempre. En el contacto entre la casa, el barrio y el pueblo se cifra la experiencia que el narrador elabora a partir de un extraño laberinto en

---

personaje, estaría certificándola por el nombre del autor en la tapa del libro. El problema que esto no resuelve radica en un grado de empirismo que no tiene en cuenta la mediación del autor por el narrador y/o personaje pero, además, implica una búsqueda de identidad en los hechos –reales y/o referidos– que omite la incidencia del valor imaginario. Así es como se le cosigna al lector la responsabilidad de garantizar los problemas de fidelidad (semejanza) y los de autenticidad (identidad), por lo que el pacto consiste en una convicción y una estrategia que aseguran al lector las posibilidades de identificación. En efecto, los títulos eliminan la duda sobre el hecho de que el yo remita al nombre del autor (*El arte del olvido*). Para abordar el problema de la autobiografía, también resulta útil consultar a Starobinski, para quien si el estilo implica una huella individual ligada a un modo particular de elocución, es porque supone un valor autorreferencial que remite al "momento de la escritura del yo actual". Dado que el estilo se vincula al presente, la evocación del pasado se encarna en la actualidad de la conciencia, por lo cual la narración es autointerpretación. Podemos pensar con Starobinski que esto subyace al "principio de falsificación o deformación" que es el estilo, esto es, potenciar las proyecciones imaginarias sin referencia al yo. Apoyándose en Benveniste, Starobinski propone postular la autobiografía como entidad mixta por cuanto en ella convergen tanto la historia como el discurso (Starobinski 65-77). Nos parece crucial para César Aira, la cuestión del estilo.

medio de una incierta simplicidad. Se trata del interior por antonomasia, del espacio intransferible, del único cuarto que ocupa la familia, de esa especie de "semilla" o corazón que atesora el secreto arcano y no sabido, el bosque que oculta con celo la simplicidad de la vida doméstica. Si hay un intervalo entre historia pública e historia privada, este se produce en el detalle o si se quiere, la miniatura, como cifra de la Historia (tal como lo veíamos en *La liebre, Ema la cautiva,* o *El vestido rosa,* por ejemplo). En este caso, la alusión a la vieja chimenea de mármol da pie para la recreación del paso de los orígenes remotos ("¿quién sabe a que antiguo designio se debe?"...) a la modernidad y el progreso, ya que el padre termina reemplazándola por una cocina Volcán a kerosene, clausurando el sueño infantil de cocinar al estilo medieval (71).

## Estilo y homenaje: Osvaldo Lamborghini

En *El tilo* hay una evocación explícita al nombre del escritor y maestro, pero una elipsis respecto al título de la novela que el propio Aira escribió hace ya varios años sobre esa relación. Con esa marca de estilo que define la prosa de Aira, a saber, la digresión, el narrador en primera persona recupera aquel texto donde se ponía en escena la extrema experiencia de lo real, el entreacto del circo y la vida, la re-presentación súbita e intempestiva que se vuelve acontecimiento puro: ese texto se trata de *Los dos payasos*. En *El tilo,* la mención más directa se produce a propósito de la coma, lo que abre la reflexión sobre el estilo de Osvaldo Lamborghini, marca a su vez del presente de la enunciación. Pero *Los dos payasos* es una "novela" armada en tercera persona. En medio de un circo clásico, "de gran aparato, más bien serio", los payasos intervienen con un chiste que dura toda su actuación. Tras unos barrotes que parecieran agrandarse, Osvaldo Malvón (el Gordo) y el Pibe (el flaco), se proponen redactar una carta sobre la base de un "malentendido" y de la risa que eso genera. El primero es quien dicta y por lo tanto quien escoge las palabras más convenientes para rendir una solemne pleitesía a su novia Beba; el segundo se limita a la estricta obediencia acatando la palabra del Maestro, en el sentido más inmediato de la literalidad. Así, el Pibe escribe implicando las comas y el nombre femenino en la confusión de un supuesto orden y el sobrenombre femenino. El empeño epistolar fracasa ante el exceso de acción: de beber, cuando el dictante llama a la destinataria; de comer, cada vez que el payaso "nalgudo y cruel" pronuncia la necesidad de una pausa gráfica.[44] Si la letra del chiste no es nueva –"la carta que se devora a sí misma"– impone su novedad en los efectos ejercidos por ciertos matices e inflexiones de voces, gestos y movimientos que provocan, de los curiosos actores, una sospecha de conspiración. Es así como el acto incluye a los espectadores que simultánea y paradójicamente ingresan en el escenario con su propia acción, a pesar de permanecer quietos en sus lugares. La aparente inmovilidad (juego de verdad y apariencia) queda sustituida por un continuo de silencios, gritos y carcajadas; la confabulación entonces se proyecta en una deriva de suspensos, comienzos y reiteraciones privilegiando siempre la actuación, el movimiento instantáneo en vez de la representación (en tanto lógica articulada, nociones y premisas). El chiste se hace vida y experiencia tal como el narrador lo describe, el intermedio elude la responsabilidad de lo permanente para atender mejor la sutil precariedad de lo provisorio: se trata de la búsqueda de la sorpresa y la emoción de lo efímero y banal. Si la broma de la carta sincroniza con el universo de la vida y el trabajo, se podría decir con Gombrowicz que lo real de la escritura se hace tangible en su forma y "solo sabrá lo que es la forma aquel que no se aleje un paso del torbellino mismo de la vida en toda su intensidad" (48).

LA SERIE URBANA

Barrio y ciudad

Como punto de partida o marco general de este apartado, nos interesa señalar la idea de "travesía por el hiperespacio" que Daniel Link supo ver/leer en *Lo que vendrá*, título que bien podríamos asociar al libro de Maurice Blanchot pero que el crítico argentino examina

---

[44] También se trata de la repetición a tientas de una actuación sabiamente onomatopéyica, el "clanc, clanc" juega con el misterio significante y con la reserva mórbida encarnada en "andares laxos" y "divinidades clancas" de "Soré y Resoré" aludidos en el poema de Osvaldo Lamborghini que lleva ese nombre, *Poemas 1969-1985*. Ver también *Stegmann 533*, en la colección dirigida por Arturo Carrera.

sobre la película de Mosquera, de 1988.[45] La concepción de ciudad que atraviesa esta idea viene aparejada con el "descentramiento, la repetición y continuidad infinita del espacio" propio de la ciudad barroca, y viene transformándose lentamente desde el origen mismo de la cultura burguesa. Espacio de viaje, medida y cantidad, allí todo es susceptible de ser analizado en forma fraccionada, material y arqui-tectónica; así, de ser un dato previo en tanto realidad con una existencia anterior, la ciudad deja de ser el dato revelado para transformarse en recorrido y práctica social. Sin embargo, y a pesar del deterioro actual del espacio urbano y del mito siempre vigente de las ciudades muertas, en el contexto de la novelística airana y más particularmente en *La Villa*, la idea de ruina no está asociada precisamente al silencio o al vacío; pero tampoco, aquellas zonas que demarcan los códigos diarios, responden como garantías infalibles de la estabilidad cotidiana. Porque (y pensemos sino en *El sueño*), si bien es cierto que el kiosko, la plazoleta o la portería marcan el compás de un tiempo real (los saludos, las compras, los pedidos, los contrapuntos vecinales), entre cada acto ritual se perpetúa la espera lenta y tranquila que se abre (se interrumpe y se desvía) ante la inminencia catastrófica de lo inesperado. En este sentido, cabe aludir a los delirios que van creciendo en forma casi sistemática y proporcional a la rutina que perfecciona Ferdie en *La guerra de los gimnasios*. Al fin, resulta paradójico que las acciones más mecánicas devengan en esa luminosa corriente que revela (exhibe, se diría, en sintonía con el culto del modelo corporal) el costado obseno o evidente de las cosas, los detalles de una fisonomía, un rostro o el relieve citadino que libera esa sensación de aislamiento o de complot.

---

[45] Queda claro que el proceso histórico define el cambio cultural a la hora de pensar en la constitución de la ciudad y la experiencia de los sujetos. En este sentido Link deja sentado que la experiencia de la multitud funda la estética de la modernidad por lo que establece una productiva conexión entre espacio urbano y espacio textual de la modernidad, a partir de las investigaciones que realizara Mijail Bajtin sobre la novela, en tanto género esencialmente polifónico representativo y emergente del mercado de bienes culturales. Por ello "es posible ligar la percepción del espacio urbano no sólo a anclajes referenciales específicos en el campo de la representación, sino también a modos de funcionamiento textual". En contraste, hoy en día presenciamos una ciudad deteriorada, desintegrada, como restos inhabitables de espacios vacíos. (Link, *Cómo se lee*).

## "Vanguardia" y "tradición" en la narrativa de César Aira

El motivo del viaje ha cautivado a lo largo de los siglos con un imaginario donde los actos de caminar y escribir son legibles, no sólo como alusión metafórica sino también como la práctica nómade que impulsa el deseo. De algún modo, con sus novelas Aira conjura la muerte y la quietud con la conjunta y compulsiva operación de caminar y escribir. Caminante fisgón, los términos de acto y fabricación permiten advertir, en sus libros, la escritura como trabajo y además como proceso donde el sentido genera su propia movilidad. Desde esta perspectiva, su marca itinerante no se deduce de recorridos mundanos: las huellas del caminante se esfuman en las calles de Flores. Y no se trata, precisamente, de una restricción, ya que el microcentro urbano diseña las peregrinaciones insospechadas de un universo en miniatura. La poética de Aira, podría pensarse, funciona como exploración ocular a través de la cual los avatares de la significación negocian la cercanía gradual de los extremos: invención, pero también realismo. Las historias que cuenta Aira son reinos de fábulas cuyo misterio es el don de un narrador ubicuo, casi un cosmonauta, que prodiga con delectación anécdotas afinadas en la escala de lo cotidiano. Allí la voz se hace remota y presente, conjugando acto y gesto de observar y escribir. Si la conjunción de acto y posibilidad promete a lo real una génesis de tiempo y mundo, la repetición de un giro no acabado atraviesa los dos costados de la enunciación: por un lado el tiempo presente, el modo real, literalmente hablando, de la historia; por otro, el intervalo entre los episodios o mejor, la narración, con una enunciación que ensaya su propia distancia. La poética de Aira es la escritura misma del acontecer, el poder eventual de fundir los extremos donde la lejanía arcana y la proximidad real no cesan de trabajar, a la vez con el pasado (la tradición y su tono de "había una vez") y la conciencia inmediata de la producción. En esa extraña mezcla de ritmos y sonidos, se interfieren la música distante del relato y la música familiar de la vida, mientras que tiempo y espacio se realizan en la simultaneidad y la acumulación, anulando así tanto las mediaciones como la lentitud. Esta es la condición (neo)barroca en la que el narrador, con sus digresiones y su vaivén obsesivo, interviene como imagen de autor, cuyo procedimiento artesanal labra la voz y la letra que cada texto repone. Orífice de los ecos orales (la charla callejera) y escritos (el sistema de citas encubiertas o fraguadas) Aira sabe que en los detalles de maqueta (una simple esquina puede explotar), la simultaneidad tiene su signo abismal y continuo, de peligro o de promesa, de asombro o de indiferencia. Lo real es el mapa serial por cuyos pliegues se entreveran figuras, umbrales y pruebas. Si los mundos superpuestos diseñan el mapa azaroso del acontecer, Buenos Aires compone la aventura mínima, que sin sustraerse a la eficacia del infinito, hace de Flores el lugar donde lo posible se hace real, y lo real consuma la narración. En Aira no hay mundos aparte; su estilo no retacea la procedencia del artificio y sin embargo la escritura trabaja al compás de un universo sin profundidad, sin la gravedad ni la seriedad que impone el código del verosímil clásico (el del realismo canónico, en este caso). Aira alterna su devoción entre Roussel y Balzac, entre Carroll y Flaubert. La escritura se vuelve así el escenario donde lo real muestra el instante de su génesis y su condición, no de referente, sino de materia prima.

Las novelas de Aira demandan, entonces, otros nombres para personajes y narradores, no sólo porque cruzan de una banda a otra, sino también porque se ajustan mejor a la rúbrica actoral. Aquí es donde la paradoja pone énfasis en la matriz misma de la escritura, cuyo síntoma clave es crear en los textos un simulacro de doble faz, un dispositivo que permite el intercambio de máscaras entre los actores (se narra actuando y se narra escribiendo) y que favorece los giros teatrales del movimiento vertiginoso (sin interrumpir siquiera el acto entre escritura y publicación). En la doble cara de la escritura, el sentido se vuelve superficie impugnando la intervención de la lógica y la moral hermenéutica; en consecuencia, el sentido imprime el sello mágico e informe de la autenticidad y hasta del escándalo. En la inmediatez misma donde las cosas se manifiestan y cambian, o donde el narrador se entromete curioso, las leyes del tiempo rompen la secuencia lineal liberándose al tránsito fragmentario e intensivo de una causalidad, invertida y liquidada. Este es el modo como la digresión funciona, cancelando los modelos de la representación y la identidad, fijas en el espesor de las esencias. La paradoja juega así al simulacro de lo provisorio y de lo frágil transmutado en lo real, traducido a la vez, en los acordes evanescentes y lúdicos de la fuga perpetua. La construcción del espacio, en este sentido, hace de la frontera y del margen el eje de todas las transformacines posibles y, nuevamente, el continuo entre proceso y resultado signa el pasaje reversible entre las calles recorridas y los relatos inventados. Mirar, leer y contar, forman así un estilo que el propio Aira afirmó como "una perpetua huída hacia delante" y del cual Graciela Montaldo definió su extrañeza peculiar, como conexión entre el lector y la maquinaria del relato.

Artífice de la oralidad, del contrapunto, el diálogo y la conversación, el narrador airano talla las voces de la rutina sobre la tela de la inminencia o del desastre. La quimera brinda entonces cierto efecto de distancia ilimitada sincronizando los destellos de un cosmopolitismo barrial con las variaciones de lo imprevisible. Aira abre una fisura, realizando y definiendo un universo de teatros incluidos cuyos recorridos dibujan sendas indeterminadas; crea así un narrador que camina, que observa y que con sus recorridos repone al mundo como miniatura en cuyo sesgo barroco se escamotea el espacio y se acelera el tiempo de las cosas que se cuentan. El barrio de Flores implica algunos soportes poéticos que funcionan a modo de serie, lo que no supone un modo reiterativo y mecánico sino, más bien, conexiones entre motivos, escenas y procedimientos ahí donde la repetición crea, difiere y desplaza los itinerarios, contingentes y casuales, del sentido.

*Los cimientos del Infinito*

El título no quiere ser un oxímoron, antes bien, pretende dar cuenta de un problema que nos parece central en *Los fantasmas*, novela que Aira publicó en 1994. Pero además se trata de una descripción espacial, estrictamente en el sentido textual. En este sentido, cuando aludimos al infinito, de ser pensable, podría representárselo en términos de vacío, oquedad o ingravidez, allí donde el carácter inagotable del murmullo deja oír sus resonancias para que irrumpa lo real.[46]

---

[46] Blanchot revisa la noción de continuidad al afirmar que la preocupación por lograrla dio lugar en la literatura moderna a obras escandalosas con Lautreamont, Proust y Joyce. Es en la "continuidad absoluta" proferida por el "carácter inagotable del murmullo" donde Andre Breton advierte las molestias del lector, porque la lectura metódica no puede afrontar la intrusión inmediata de lo real. Partiendo de las ideas surrealistas, Blanchot señala que la escritura automática quisiera permitir la comunicación de cuanto es, manifestando por ello su oposición a Hegel, dado que mientras los surrealistas buscan la continuidad de modo inmediato, para Hegel la continuidad no puede ser sino obtenida, producida en tanto resultado. En este sentido Blanchot se interroga si habría que afirmar, con Hegel y hasta con Marx, que la singularidad inmediata no es nada,

Podríamos aludir al mismo señalando la falta de límites o de medidas, es decir todo (el Todo) como eso que excluye como vano el intento de la Razón, empecinada en demarcar su sistema de cálculo o de clasificación. Pero sobre todo habría que reconocer una vez más (y más aún tratándose de Aira) que el Infinito en tanto concepto rechaza la posibilidad epistémica de la objetivación o la sustantivización (es decir, la formulación de lo real en términos de dato empírico o de esencia). Incluso, las tres nociones indicadas en la segunda oración, rodean al sustantivo desde su condición abstracta, aunque en este caso, la sintaxis narrativa en particular concuerde mejor con la idea de *desmesura*. Quizá porque en lo abstracto radica la inadecuación entre lo visible, lo palpable y el espacio sideral que se resiste inexorablemente a las explicaciones del logos humano. En esta novela, Aira pone énfasis sobre una suerte de equívoco o de malentendido entre lo visible y lo que se hace visible como presencia corpórea solamente para una espectadora o mejor, para la única invitada: la Patri. Es ella que como Ema (la cautiva), encarna el borde o la grieta que opera la mutación; aquí mismo es donde se produce una suerte de hipóstasis al revés: mientras que los fantasmas toman cuerpo

---

salvo que la encontremos al final del desarrollo de nuestra historia, nuestro lenguaje o nuestra acción en tanto conquistas por el trabajo de la mediación. El atisbo de respuesta que Blanchot avisora es que la presencia inmediata es presencia no-accesible, ya que desborda todo lo presente como conmoción fundamental. Es preciso poner énfasis en que no pretende privilegiar la relación directa sea con el contacto místico o sensible, en la visión o la efusión, sino que en rigor, siendo imposible, reserva una ausencia infinita, un intervalo de alteridad (*El diálogo*). En otro de sus libros, Blanchot insiste en la problemática poniendo de manifiesto una suerte de continuidad estético-filosófica con Malllarmé y Nietzsche. Así, esa suerte de figuración que es el desastre es y sobreviene como inminencia y soberanía de lo accidental, estando del lado del olvido o de lo inmemorial. Esto permite reconocer que el olvido no es negación, o, al menos, que la negación no viene después de la afirmación, sino que está relacionada con lo más antiguo, lo que vendría desde el fondo de los tiempos. Blanchot dirá, entonces, que el desastre desorienta lo absoluto, y la repetición, siendo desconcierto nómada, afirma la singularidad de lo extremo exponiendo al olvido las operaciones de leer y escribir. Al respecto reflexiona sobre el misticismo de Ludwig Wittgenstein, sobre la confianza que este deposita en la lengua debida quizá a la posibilidad de mostrar allí donde no se puede hablar. Para el francés, sin lenguaje nada se muestra y, no obstante, callar sigue siendo hablar. Por ello el silencio es imposible y promete la no fijación, el desacomodo de lo fragmentario. Hay relación entre escritura y pasividad porque lo uno y lo otro suponen la borradura, la extenuación del sujeto, la ociosidad de lo neutro que entre ser y no ser implica algo que no se cumple y sin embargo sucede como si hubiese ocurrido desde siempre. Volviendo a la inmediatez y retomando las definiciones reflexivas de Emanuel Levinas, Blanchot la vislumbra como presencia absoluta que trastoca el infinito sin acceso donde al no caber la mediación, no hay relación ni más allá (*La escritura*).

y forma, las vidas de los integrantes de la familia Viñas levitan hasta el absurdo (tal como lo declara la madre de la Patri sin dejar de mirar la televisión). Ahora, ¿por que hipóstasis? Tal vez porque las secuencias de determinaciones que dictarían el lugar inamovible del origen o la preeminencia de la causa sobre el efecto destacan los pasajes y la inversión entre una y otra "dimensión". En el cielo inconmensurable de los hombres fantasmas cohabitan los personajes carnales; y así, total pero incompleta, la obra en construcción donde vive la Patri y su familia, es zona donde los fenómenos naturales o estelares, reponen los indicios de su existencia o de su aparición. Como casi siempre ocurre con los textos de Aira, lo cotidiano implica la catástrofe, el instante la eternidad y el detalle de lo mínimo contiene el Infinito. Pero contra el registro fantástico *a la* Borges o mejor quizá, abandonándolo del todo, lo que hace Aira es construir un Infinito a partir de la simplicidad misma de un mundo pequeño. Y allí, Aira introduce una diferencia radical. Porque mientras que el Aleph borgiano, aún modificando las categorías lógicas del racionalismo, no deja de establecer otras premisas para un nuevo sistema de clasificación, César Aira juega con el espacio-tiempo sobre el continuo, la paradójica extensión de avances retráctiles, aquí encarnado sobre la Patri. Si nos volvemos hacia el recuerdo empecinado de Borges (narrador y personaje) por Beatriz Viterbo, podremos ver que el retrato de la evocada más la letra obscena de sus cartas son los disparadores que desbloquea el orden dado del discurso. Pero si bien Beatriz genera una serie simultánea de imágenes, en Borges se trata de una disposición discontinua.[47] Es la

---

[47] Respecto a las taxonomías mencionadas, habría que releer también "El idioma analítico de John Wilkins". La escritura de Borges produce una subdivisión infinita de series espaciales y temporales (Rosa, *El arte del olvido*) tramitando ese punto axial –monadológico– que genera la significación. Las figuraciones borgianas dan cuenta del punto fragmentario que todo lo condensa y sobredetermina, anulando las formas de la extensibilidad. Esto es el punto cifra donde opera la ficcionalidad del centro, que al instaurar un régimen de reabsorción, le permite al relato alimentarse de una "transnarratividad transfinita". La proliferación del punto en el borde concentra y proyecta la cegadora totalidad de lo inalcanzable. Y así, el deseo que difiere la posesión del enigma, se vuelve espejismo de lo real, como pura búsqueda que se desvanece. Es notable que la metáfora del aleph aluda, al comienzo, a la letra primera e inscripción fantasmática del origen. En el todo está el corte. Pero el corte o la interrupción caótica es cifra y punto de un regreso persistente. La percepción narcotizada de Borges altera la sucesividad del sintagma superponiendo las imágenes ("El Aleph").

Patri quien suicidándose, pasa al otro lado, salta el abismo o cruza a la otra orilla. Pero además, cuando Aira narra sobre el Infinito, habla desde una concepción de la literatura que entiende de la experiencia. Desde esta perspectiva, lo real no se emplaza como lo inalcanzable o como el producto de un espejismo sino como su afirmación, desde una perspectiva entonces, radicalmente diferente de la negatividad borgiana. Sin la desesperación borgiana por la cegadora y deslumbrante luz del universo, antes termina el libro con el salto final de la Patri, dibujando la página en blanco sobre el vacío de la condición finita de ser humano: para participar de la gran *Reveillon* hay que estar muerto. Antes de eso, la narratividad consiste en afirmar lo real en su condición efímera. Y, de cualquier manera, en festejarlo.

Si en Aira se trata de narrar la experiencia, es claro que su poética sea radicalmente distinta de la de Borges. Al decir de Rosa, Borges no narra y, hablando de experiencia, esto tampoco define, a nuestro criterio, su auténtica preocupación; antes bien, poesía y "relatos" tienen su lugar de anclaje en la especulación mitológica de un Buenos Aires transitado por las páginas de la tradición libresca. En cambio, el callejeo de Aira es signo real de su escritura. Y en este sentido, la concreción marca el rumbo de una poética caracterizada a su vez por la simplicidad y destreza de la costumbre (las rutinas y los ritos en las novelas de Aira): lo concreto toma forma, se *realiza* entonces, por vía de la repetición. Desde esta perspectiva, Aira narra el infinito, sin soslayar la gratuidad que recorre expansivamente toda su obra, contingencia y casualidad que recuperan, después de cada novela y cuando comienza una nueva, el arte mismo de la invención. Aquí es donde lo real reclama en grado máximo, la elasticidad del procedimiento: por debajo y al costado de la realidad. Surrealismo y realismo son términos adecuados pero insuficientes para negociar las pautas para definir una poética narrativa en verdad fundacional. Aira extrema las posibilidades de la alucinación y de la semejanza o del parecido. Y en el mayor de los extremos, ese misterio que Aira reserva al deleite de lo narrativo mismo, radica la conjunción o la coincidencia de lo que se puede contar y lo que no, lo que se puede mostrar y lo que sólo se hace visible en la ocultación inminente y futura. En el caso de *Los fantasmas*, la vida diaria de la Patri se despliega en su pura materialidad: el trato con su familia, cada acto que lleva a cabo y, por antonomasia, el lugar donde habita. Sin embargo, como sucede casi siempre en las novelas de Aira, las fracturas son las instancias que marcan el continuo entre el antes y el después, el pasaje de la Patri para que sea ella, como las historias de Aira, la que camine hacia una "perpetua huída hacia delante". Si las escaleras, los tabiques y los andamios a medio hacer la conducen hacia ese otro lado, el susurro de los fantasmas la atraen con la levedad del viento, de lo aéreo. Decíamos antes: se trata de la coincidencia, de esa que escapa a la Razón porque el Infinito no tiene ni réplica ni respuesta: se trata de la tautología. (¿A que se parece el Infinito?, pregunta Link. Es el problema de los regímenes semióticos binarios de los que la literatura ha tratado de escapar. Se trata además, del problema de las estructuras. La conclusión que propone Link es que el Infinito no está en las respuestas sino en su resistencia a articularse como pregunta). El decir en el borde del saber, el saber en el límite del cumplir a medias el deseo (como un paso, la Patri habla con los fantasmas, quiere saber en que consiste la invitación) y el acto final de llevar al extremo la magia de la Gran Fiesta: allí, sus anteojos ya no le sirven. Habría que revisar cómo operan, en la obra de Aira, los motivos. Los anteojos, los telescopios y monóculos (como los que usaba Erasmo de Rotterdam en una de las fábulas que cuenta *La liebre*, o incluso los ojos de la liebre que se dilatan cuando cae al pozo oscuro), no hacen más que insistir en la visibilidad del mundo; y en esa captura reside la experiencia como narratividad; esa es la gema aireana.

Es cierto que la literatura de Aira pone en crisis las estructuras y su concepto. La obra en construcción funciona como motivo literal, muestra ese conjunto sin terminar de funciones y niveles sobre el vacío y el Infinito, "fundamentos" precisamente sobre los que Aira practica su literatura y ordena su propia sintaxis narrativa. En *Los fantasmas*, el relato de una invitación convida a saborear la simplicidad pero al mismo tiempo es indeleblemente catastrófico. Lo real se construye como dispositivo que despliega todos los efectos de hueco sin fondo, de lo sideral en el tiempo del mínimo episodio. Si la familia se prepara para el festejo de Año Nuevo y los fantasmas esperan el suyo, estamos en presencia de una dicotomía que Aira presenta, desde lo real de la vida, como falsa. Las dos fiestas son cara y ceca de un Uno irreversible, la única fiesta del continuo real.

Como si fuera poco, en uno de sus bordes están los Viñas; y como se ve, si Aira manipula metáforas, son las que le permiten mirar de cerca el movimiento de las cosas; son más bien inscripciones que, como en este caso, posibilitan leer en clave pero sobre la superficie de los textos (nunca en las profundidades del sentido único): Aira escribe sobre el realismo pero estira su piel hasta el extremo. En la punta está David Viñas.

La novela permite pensar la neu-tralidad (sin útero), como clave de lo que no tiene respuesta, el deseo frente al misterio, no como entelequia ominosa sino como sitio cotidiano en el cual anidamos. El fantasma puede plantear así, su radicalidad verosímil y tautológica: un fantasma es un fantasma, es eso, lo que toco y por lo cual me des-integro. El "cuerpo" del fantasma, su inventiva ocupación y su convivencia con los vivos, retruca la pregunta con un giro extremo: ¿y quiénes son los vivos, otra vez la pregunta, de que lado están? *Los fantasmas* despliega todo un andamiaje y un simulacro de estructuras: vigas, zócalos, losas, parecen ser las alegorías metonímicas, las miniaturas edilicias de un todo hecho ruinas no del pasado arcaico sino de una suspensión animada.[48]

Las ocasiones del devenir

Cuando Aira publica *El sueño*, una vez más el viaje se afirma como motivo por el cual quedan desbaratadas las convenciones de la representación y la causalidad. Y es así como el vértigo onírico de cada episodio envuelve un tiempo y un espacio reclamando actuar como "una perpetua huída hacia delante". Si la paradoja en Aira hace de la singularidad la huella de un estilo, quizá sea el continuo pensado como repetición, eso que hace desbordar (tocándose) a los extremos del pasado y el futuro; sin embargo, el caos se resuelve, irónicamente se "explica", casi siempre en un exceso de inteligibilidad, un plus de transparencia que por demasiado real y cercana, se vuelve opaca. Es entonces cuando las vueltas y los giros de una travesía convierten a la vida misma, esa de todos

---

[48] Si bien la expresión marca cierta noción que funciona tanto en Aira como en Carrera, es el poeta quien titula uno de sus libros con el nombre de *Animaciones suspendidas*, lo cual, estando lejos de ser una mera denominación, forma parte de una serie de operaciones, ligadas a la poética de la movilidad inmóvil.

los días, en un pretexto que alterna entre la reiteración de los sucesos y las variaciones que el desplazamiento introduce en el ojo del acontecer.

Vueltas, no como trayecto circular y cerrado en el punto que se espera de regreso; vuelta como turbulencia, efecto rizado y espiral. Natalio y Mario son los dueños de un quiosco de diarios y cada jornada añade una dosis de felicidad y simpleza. De algún modo esperadas, las conversaciones entre vecinos, la práctica cotidiana del trabajo, favorecen la sinceridad trivial y la cordialidad frívola de la reuniones matinales en la esquina de Directorio y Bonorino; allí, de nuevo, la paradoja decide la convivencia de dos sentidos porque en ese lugar la vida se concreta, fluye compacta y, al mismo tiempo, crece desmedida hacia cualquier dirección. Las tertulias callejeras por las que circulan chismes y noticias, tocan la canción del barrio y aceleran también el metabolismo del planeta. Es el continuum de los extremos entre la ficción (el proceso de construcción de una historia) y lo real (la referencia a una zona porteña), aquello que pide la magia del misterio, los pasadizos secretos de la rutina o la aventura leve, nimbal del delirio. Es eso mismo lo que va a provocar el avatar de lo repentino en el tranquilo cielo de Flores. Las anécdotas más simples y seguras, discurridas en la charla vecinal, se convierten en el acontecimiento que hace de lo real una explosión de paralelismos y coincidencias sin explicación, afectando las vidas de Natalio y Mario (padre e hijo respectivamente) con una variación, tan ligera como imperecedera, en el curso de la monotonía.

El kiosko se presenta como una caja que contiene al infinito en miniatura y cuando se traspone su órbita, los pasos empiezan a actuar como "distancia, recuerdo e información" (51). Si para "actuar se necesita tiempo", se trata del tiempo que sostiene y hace posibles las historias, la aventura de la vida que se vuelve real contándola y la aventura del relato que se vuelve tangible viviéndolo. De esta manera los actos se van encadenando por la justificación de una simple necesidad y, el instante de la improvisación va a anular al tiempo quieto de la espera, para que los incidentes vayan tomando la forma de lo real. La narración aspira así a captar la huella efímera de las cosas, el estado de la vida en superficie e inmediatez; el tránsito virtual entre especular (¿cómo encontrar el hilo que une todas las ocurrencias?) y decidir (¿por dónde comenzar o hacia dónde partir?), dibujan el instante inminente en el que las cosas cambian. En la metamorfosis, el texto repone en clave la repetida pregunta de la Alicia de Carroll: ¿en qué sentido?; pero también se puede evocar el Copi del mismo Aira, donde consigna que la construcción de historias es el punto central de su poética. Así, la aventura demanda tanta realidad como la topografía de la calle, sólo que juega a retacearle a la narración la linealidad ajustada al canon de la lógica causal. Relato y digresión, de este modo, constituyen anverso y reverso de proceso y resultado, la grieta donde la repetición demuele la legalidad de la razón por una existencia sujeta al "azar sin cálculos". Propiedad y potencia del lenguaje, la repetición insiste, en transgredir la ley del "belletrismo" creando escena y mutando figuras , sin peso ni gravedad. La acción entonces, marca la génesis del relato y señala un intervalo suspendido donde Mario "percibe" el comienzo inminente de una aventura, cuyo lado más oscuro puede devolverlo al pasado roído por la costumbre.

La lógica de la trasposición supone el lugar del presente continuo, el desplazamiento intersticial por la cartografía urbana que impugna el recorrido lineal. Aquí es donde se abre para Mario una suerte de viaje iniciático, la posibilidad de cruzar la frontera que "separa" su vida diaria de la conspiración religiosa y tecnológica que anida en el siniestro convento de la Misericordia. Mario se sitúa así sobre el filo que agudiza la percepción cierta pero lábil del acontecer, la mirada que instantáneamente capta el lado siniestro de la trama, el punto o límite que lejos de terminar, separar o dividir, acentúa la tensión entre la singularidad de una vivencia y la universalidad del devenir. Galerías, perspectivas y pasajes van articulando, ante los ojos de Mario, las líneas que llevan a los recintos cerrados que su intromisión se atreve a profanar. Su objetivo es inocente: se trata de encontrar a Lidia, la joven madre que aún no ha visto. Y la inocencia, precisamente, atañe a ese misterio de los hechos, a la extrañeza que combina los rincones del infinito y el desenfado ingenuo, impertinente y sutil de la incursión; inocencia de la mirada como reserva del sentido, anverso de la riesgosa promesa para la pulsión del descubrimiento. Si el claustro es escenario donde la trama se desarrolla al compás de monjas ladronas y probables asesinas, Mario se convierte en actor que se mueve con ritmos de tácticos silencios que conspiran con el coraje de un héroe barrial. Pero tambien reviste la máscara de un niño, curioso y entrometido, que va dejando de temer las consecuencias ante las monjas abominables. Y si la realidad del niño se derrama en el interior de una morada "verdadera o fantástica", al salir es posible que se anulen "todos los lapsos" y esa realidad pueda reanudarse "exactamente donde había quedado" (*El sueño* 138). Así es cómo se produce la repetición continua y serial, una especie de inmovilidad móvil donde la totalidad, ilusoria, se escande en fragmentos de imágenes y sentidos: "No valía la pena apurarse, ni pensar lo que quedaba por hacer en la jornada, porque todas las cuentas volvían a cero" (151); sólo que las cuentas exigen que los umbrales sean traspasados. En este sentido, la velocidad y la acumulación afectan al espacio (la ciudad, el barrio, la calle), y también al tiempo. Lo real, entonces, se desliza en un orden de embriaguez y perfección, cuya forma consuma la juntura de los extremos, anulando los blancos y las distancias entre el peligro y la calma, lo conocido y lo ajeno, la vigilia y el sueño.

> Pero aunque parezca increíble, la acción nos da una segunda oportunidad, sin necesidad de que el tiempo retroceda; porque el recuerdo y la interpretación de lo que se vivió se traducen en hechos, y estos configuran nuevas escenas, en cuya sucesión va dándose un progreso, hasta llegar al desenlace. (84-85)

Toda una teoría, una concepción de la novela y la narratividad. Si desde la marca enunciativa en tercera persona se impone cierto registro impersonal, las digresiones y los paréntesis a los que Aira recurre con frecuencia, saben insinuar y exponer el centro de su poética. Así, las vueltas seriales que mezclan las voces (las de los personajes, la del narrador) proponen una sintaxis narrativa donde se repone por partida doble la insistencia de la escritura airiana: la falta de respeto a la idea de corrección y la precipitación del final en una historia. Por lo tanto, si hay algo que el lenguaje evita con el desborde caótico de episodios, es el tiempo moroso y agonizante de la reflexión. Aquí, tanto el espacio (el kiosko) como el tiempo (el de las peripecias), connotan la fragilidad del límite entre causa y efecto, procedimiento y resultado, provocación y consecuencia. El autor llamado César Aira que publica sin pausa; el narrador que cuenta y participa como alquimista de los tiempos; el personaje que encarna una experiencia, dejan ver los circuitos desde donde se enuncia y se actúa. El estilo airiano se desliza y fuga por andariveles de rizos y ondulaciones, haciendo del continuo la clave de su poética. De este modo, los conocidos senderos del barrio de Flores permiten asomar la levedad de los hábitos amenos, donde la rutina no excluye el secreto guardado en las criptas subterráneas. Y allí donde la aventura y el cómic dibujan los cuentos de pasadizos tenebrosos, el joven diariero descubre la manifestación plena y mágica de lo real. Cada escena va a revelar el orden paradojal del secreto engendrado en la superficie misma de lo visible, ya que, después de todo, el convento queda enfrente del kiosko. El cuento de la vida entonces, se hace tangible en zonas sin tiempo ni densidad, como puertas cerradas, claraboyas o madrigueras; es aquí donde la transmutación de interior y exterior va a hacer de la acción surrealista, la súbita ocasión de una epifanía que pone al absurdo del lado más luminoso de lo real.

En la inmensidad del desierto o en el bullicio barrial, Aira escribe contra el enmudecimiento de Borges, contra el centro vacío en el que lo real se funde en el Libro para callar. Tal como Nicolás Rosa sostiene en *El arte del olvido*, en Borges no hay extensión y en consecuencia no hay relato, no hay duración porque no hay historia, puesto que todo lo absorbe la infinita "fuga del punto". Las narraciones de Aira se extienden indefinidamente buscando sus artificios y estrategias en el campo pleno de la libertad absoluta. Desprejuicio, soltura y desenfado marcan su filiación con Gombrowicz, por lo cual el azar en Aira se manifiesta como plena libertad, como desacato a sus propias y explícitas intenciones de escritor, a la matemática que calcula rutas y pronostica sueños y desenlaces. El continuo, como los pasajes, ya no reconoce distinciones entre mundo y literatura, porque en sus páginas la manía de contar también llega a alcanzar los nombres precursores y el suyo propio. Darle vida y movimiento a los mitos e ideologemas nacionales –los caciques, malones y soldados–, caricatura y ficcionalidad a "personas reales" de Rosario, forma parte del imaginario que cruza texto y vida y de una política de escritura que ya no solicita la ascética moral del demiurgo creador, en un círculo incandescente, de un modelo de lector puro. Así, por ejemplo, su novela *Los misterios de Rosario* ya desde el título parece nutrirse del folletín, así como adscribir a cierta modulación del cómic y las telenovelas por algunas referencias que aparecen allí. De esta manera, desconoce los objetos privilegiados por la estética "con mayúscula". Si Aira reniega de Borges, es porque prefiere colmar el hueco de la conjetura con los saltos constantes para tender un puente simultáneo entre acto y posibilidad. El déficit narrativo de Borges es reemplazado por Aira con un régimen que expande las posibilidades del relato y alterna entre el exceso (de historias transcurridas y demoradas en la doble apuesta de pasado y futuro, de íconos hieráticos a la fuga eterna de un comienzo siempre nuevo) y la economía (el corte, la resolución rápida, la síntesis que termina por resolver el desorden de las peripecias). Tal como lo dice en *Copi* y lo hace en *La mendiga*, las escenas están listas para el dibujo de un mundo que se ha convertido en teatro y en el que las distancias ya se han acortado. A la manera de Roussel, las cosas se acumulan, los acontecimientos se "pegan", haciendo del vértigo perpetuo la condición de un espacio que tiende a la miniatura y de un tiempo vuelto pura velocidad. En sus trazos inciertos es posible leer el misterio de atonalidad, la disonancia que sabe extraer del más puro silencio el *quantum* máximo de sonido. De este modo, la mendiga puede tocar la melodía incomprensible. Saber seguir los rastros de la invención implica reconocer, como el mejor de los destinos, el movimiento y el desliz de historias gratuitas que aspiran a borrarse en el gesto de lo efímero. De ahí que la extrañeza intervenga como efecto de lectura o como resultado pero también como procedimiento donde se aloja el germen de la ficción, el mecanismo Scherezade que crea una fuente inagotable de historias.

Los juegos del nombre propio

*Los misterios de Rosario* es una novela que expone toda una elaboración a partir de las formas populares de la cultura, tomando los géneros de masas como el marco más adecuado para armar una narración. De este modo se introduce el folletín con los vaivenes de una trama amorosa, y también con la historia del Sabio loco y del Héroe desesperado. Si el nombre propio de Alberto Giordano encamina la ficción verídica, el mismo funciona como senda de doble mano al jugar con la confusión desopilante del verosímil: un cataclismo meteorológico, de magnitud apocalíptica, amenaza con destruir a Rosario, "la segunda ciudad de la República". Pero la clave del enigma urbano le está reservada al insigne investigador, en quien también parece estar depositado el destino de las Artes y Letras nacionales, refugiadas en el amenazado edificio de la Facultad de Humanidades. Habría que detenerse en la noción de *verosímil* para advertir que ciertos datos de la identidad real extreman el efecto de la semejanza porque son, no porque parecen. De esta manera la identidad es forjada en un sentido literal. Desde la génesis misma de la escritura, César Aira pone a prueba una vez más el sentido de lo real y la eficacia de un modelo para mostrar los límites y la extensión tanto de la forma (el modo de presentar y decir la historia) como de la materia (el conjunto de anécdotas y sucesos que le da pie), allí donde el sistema categorial de creencias (lógica de tiempo y espacio) es desafiado por el humor provocativo de la narración. Cuanto más experimenta con el realismo, Aira más apela a sus convenciones para exasperarlas y finalmente demolerlas; si bien es indudable que la sintaxis narrativa produce un verosímil también es evidente su propia ruptura, lo que se logra y se disuelve en el punto de inflexión de la biografía. En primer lugar, la generalidad, como atributo necesario de la representación, queda aquí descartada; para que el Giordano de Aira sea una singularidad, debe quedar expuesto y hueco al devenir de la metamorfosis, ajeno a la perplejidad del reconocimiento y al ajuste de cuentas con la eventual precisión de los datos. Por todo ello, *Los misterios de Rosario* implica el uso y transformación de géneros (la literatura, la televisión, por ejemplo) y registros (el comic, el telefilm) que funcionan como medios o contraparte material de la historia. Se trata entonces de una escritura que cuenta con una noción textual del lector, esto es, un nombre conocido para algunos, como nexo "familiar" entre un personaje verídico y un círculo limitado de receptores, en condiciones de atribuirle el carácter de una referencialidad más o menos pública. El personaje o mejor, quizá, el actor, mantienen una suerte de correlato extraverbal con un tipo de lector capaz de localizar los códigos tendientes a identificar un perfil determinado. La extrañeza propia de Aira, implica por partida doble a un sistema de experiencia, susceptible de probar en algún grado la verdad del suceso; pero también ataca al corazón del verosímil en la exageración de los rasgos o en las hiperbólicas peripecias. En este contexto, no puede descartarse incluso la decidida deformación de las situaciones "conocidas" fuera de los límites textuales.

*Los misterios de Rosario* es un ejemplo cabal acerca del modo de funcionamiento del régimen de verdad textual. En otra de sus novelas, en *La mendiga* precisamente, la ficción televisiva se superpone a una historia inventada. Sin embargo se produce un cruce donde Rosa (el personaje protagónico) y Cecilia Roth (la actriz que interpretara una exitosa serie de unitarios) se encuentran. El personaje de esta última, la eximia ginecóloga argentina, también es referida mediante el nombre real de su portadora, quien termina por devenir alter ego de su papel. Es de esta manera como el proceso massmediático de lo real le devuelve a la ficción su sentido más pleno, el de la creatividad y la invención. Aquí los códigos televisivos operan como espacio intermedio, como zona aledaña de la cotidianeidad: televisión y costumbre (expectativa y puntualidad del programa) dan por tierra las prerrogativas de las Bellas Letras siempre bajo los auspicios de la extensibilidad de los límites. Irreversibilidad, tal parece ser la condición, falta de reverso que distinga la cara de lo real o de la ficción.

Volviendo a *Los misterios de Rosario*, ¿de quien se habla cuando se menciona a Alberto Giordano, cuál es el borde que define la literariedad y los secretos del mundo laboral de la universidad? ¿Quién es ese lector que se ríe de los personajes de identidades genuina y socialmente documentadas en el afuera del libro? César Aira pone a prueba la potestad del nombre propio, el espacio jurídico entre la predicación de una persona real y los rasgos alterados por la hilarante creación. Si todo texto aloja un "corazón maligno" el de esta novela será el secreto convertido en burla festiva, en la pregunta siempre inquietante acerca de quien se está hablando. Y que los personajes sean críticos literarios, no es otra cosa que una estrategia de Aira: provocar la tolerancia intelectual (el texto tiene su propia verdad y se toma sus licencias) o el enojo que mezcla literatura y vida. El máximo riesgo de toda experiencia vanguardista es el juego horizontal entre arte y vida o, lo que viene a ser lo mismo, la literatura compuesta con las sobras de sí misma, y además, con los incidentes y claves de la vida cotidiana. Pero si, como dijimos al comienzo Aira hace uso de los medios de la cultura popular de masas, es cierto que tampoco excluye una de sus operaciones que mejor lo definen, a saber, la paradoja. Es precisamente la relación que se produce entre el alcance de la escritura dirigida a muchos y el juego con el secreto, que involucra solo a algunos:

> Que eso se moviera era parte del circo general de vientos; la calle entera valsaba creando y destruyendo formas. Las palmas de las manos, apoyadas en el hielo, le ardieron, y se apresuró a recuperar la vertical, cosa que no logró sino al cabo de varios resbalones y cabezazos. Una vez de pie, vacilante, viendo de nuevo las cosas para arriba, creyó que se caía, que el viento lo tumbaba como a una gorda palmera sin raíces. Aprovechó una correntada que lo levantó en vilo para dar un salto adelante, y ya estaba en marcha otra vez. (70-71)
>
> No él, o mejor, no sólo él. Había otro, otro cojo ansioso perdido en la nevisca, otro mudo, otro fracasado, que se precipitaba a su encuentro…En el instante, en la sorpresa, el espanto se cerraba sobre él como un portazo, la verdad del doble… ¿Qué quiere este imbécil? Reintegrarse, besarlo, cubrirlo como una niebla definitiva. El Monstruo ya es en sí una especie de doble" [...] "Y siempre a la par de Giordano. Monstruo con Monstruo, Monigote con Monigote. ¿Dónde tendrá el corazón? ¿Dónde la lengua? (71 y 74)
>
> Quizás era eso lo que estaba siguiéndolo: las miradas burlonas. Pero no, era algo mucho más material, a él nunca lo engañaba ese instinto. (69)

El Giordano de Aira es neurótico, paranoico, depresivo y adicto dependiente de la proxidina, acosado por lo inconmensurable de la frustración personal, al caer el dictado de su seminario por falta de inscriptos. Azar y casualidad vuelven a tejer los hilos de una poética que nunca desistió de exasperar la brecha entre los contrastes y las proporciones. Es en ese cruce donde se baraja la posibilidad del personaje que en cualquier momento puede mostrar su faceta Mr. Hyde, la "mitad siniestra", el doble monstruoso, también en una doble instancia: ser otro en uno mismo, en el nivel interno de la ficción; ser otro o ser el mismo teniendo en cuenta el marco de referencias que ya atañen, como desafío, a una pragmática textual: a) ¿Alberto Giordano es el crítico rosarino, conocido en el medio universitario? b) El "malentendido" tácito de la escritura genera un efecto de incertidumbre, equívoco deliberado donde la in-diferencia procede como dispositivo base: el personaje es el producto de una construcción, por lo tanto no importa de quien se trate. Ahora, si el personaje coincidiera con la realidad empírica (coincidencia de nombre y perfil), ¿cuál es el sentido para el lector que no pertenece al ámbito?

## "Vanguardia" y "tradición" en la narrativa de César Aira

Poner a prueba los límites de la verdad y el peso específico del nombre propio provoca otro reto: trasvasar las fronteras de la escritura en la que el autor ahora puede volverse el Dr. Frankenstein de su malograda criatura, jugando a los espejos deformantes: hacer que el profesor Giordano se reconozca o no en él, quien ineludiblemente se convierte en objeto de una experimentación peligrosa y sujeto de una imprevisible reacción frente a la misma.[49]

### El realismo y lo real

Con los motivos del campo o la ciudad, César Aira escribe novelas que llevan la paradoja al epicentro de la teoría sobre la representación. Y al usar teorías y saberes como instrumentos de la ficción, su práctica novelística queda consubstanciada en una concepción estética que nunca reniega del realismo. El caso de *La villa* es un ejemplo al respecto. Sin embargo, y a pesar de su peculiar modo de objetivación (la ruina social advertida por un testigo participante, Maxi, el protagonista de esta novela), en el género narrativo que Aira elabora, no tiene cabida ni la explicación racional del fenómeno ni la causalidad que atiende la emergencia de "nuevos" actores sociales como desproporcionada

---

[49] Omar Calabrese hace referencia a una metáfora en el film *Blade Runner* que puede servir para las observaciones sobre dobles y sosías. Aquí se trata de la figura de los "replicantes" que nacen como "robots" completamente similares a un original, el hombre, del que mejoran algunas características mecánicas (la fuerza, por ejemplo), pero que después se vuelven autónomos y, aún más, a él preferibles y hasta enemigos. Si sólo intentamos pensar, en los mismos términos, en los productos de ficción de las actuales comunicaciones de masa, se podría extraer de ello la misma filosofía: los "replicantes" (films de serie, telefilms, "remakes", novelas de consumo, cómics, canciones, etc.) nacen como producto de mecánica repetición y optimización del trabajo, pero su perfeccionamiento produce más o menos involuntariamente una estética. Exactamente una estética de la repetición (tal es lo que sucede en Aira). Siguiendo esta línea puede analizarse la reinvención del monstruo que Aira practica. Partimos de un dato de hecho. En los últimos años hemos asistido y seguimos asistiendo a la creación de universos fantásticos pululantes de monstruos. Ya esta constatación sería suficiente para reflexionar sobre una superficial relación con el barroco y con otras épocas "similares" productoras de monstruos: baja latinidad, baja Edad Media, romanticismo, expresionismo. Todos ellos son períodos en los cuales el monstruo se emplea para representar no tanto lo sobrenatural o lo fantástico, como sobre todo lo "maravilloso", que depende de la rareza y casualidad de su génesis en naturaleza y de la oculta y misteriosa teleología de su forma. En la actualidad encontramos un sentido de fondo que alude a la espectacularidad, derivada del hecho de que el monstruo se muestra más allá de una norma (monstrum). Desde este punto de vista puede pensarse que la visibilidad en Aira implica la deliberada proscripción de la regla y la estabilidad (*La era neobarroca*).

consecuencia de un desequilibrio clasista; de Aira tampoco puede esperarse la confección de un diagnóstico sobre la vulnerabilidad gregaria que afecta la justa distribución de las riquezas. Las reglas básicas de sus ficciones sustituyen la causa por el efecto, o invierten la dirección de una finalidad aparente. En este sentido, si de la descripción y del énfasis puesto en la evidencia se desprende una expectativa –en este caso, la representación objetiva de un conflicto en términos de mediación y totalidad– el truco que la frustra es precisamente el cambio de foco, el desvío de todo aquello que haga previsible un relato o que prometa el ajuste de cuentas con los datos de una experiencia certera. De este modo irrumpe la *casualidad* que volverá posible la conexión entre destinos individuales, curiosos y suicidas, –son los personajes inventados– y cirujas que se manifiestan, como nómades crepusculares, con rasgos grupales, colectivos y anónimos, al decir de Sergio Chejfec.[50] Sin embargo el texto blande su propia verdad, esquivando el peso y el rigor de imposiciones referenciales porque reacomoda tales convenciones a los efectos de mostrar también, la otra verdad, la de la observación que da cuenta del proceso de creación, la de la escritura que se muestra haciéndose a sí misma. De alguna manera, el recorrido que inicia el joven e inocente Maxi, vuelve a poner a la ciudad como objeto de una tarea que termina por descubrir las delgadas y oscuras líneas que separan la periferia del área metropolitana. Así, la incursión por la múltiple y alienante realidad de Buenos Aires reenvía a los mundos y submundos misteriosos de una ciudad que ya vislumbraron Marechal (*Adán Buenosayres*), Arlt (*Los siete locos, Los lanzallamas*), Bioy Casares (*El sueño de los héroes*) y Sergio Bizzio (*Infierno Albino*). Una vez más podría decirse que el viaje es el motivo que sostiene la narración, impulsado por el movimiento escópico del

---

[54] En su análisis Sergio Chejfec pone en sincronía dos textos: *La Villa*, de César Aira y *Proximidades y distancias. El investigador en el borde peligroso de las cosas*, de Daniela Soldano. Distinguiendo las operaciones específicas a cada género (un texto es una novela, el otro bordea "la confesión y la digresión sociológica"), Chejfec trae a colación el mito de Sísifo, que en *La Villa* alude al trabajo repetido y sin esperanza ante la silenciosa condena por la que se nombra –paradójicamente– lo evidente. Maxi y el ñato son los personajes que corresponden respectivamente a los autores, los cuatro Sísifos que no replieguen la palabra ni la acción tras el esfuerzo inútil (Cfr. "Sísifo en Buenos Aires"). Asimismo, sugerimos ver *El aire*, novela de Sergio Chejfec en la cual aborda, en algunos de sus fragmentos, la problemática de la disgregación y extrañamiento social, ante el avance de modos de supervivencia ligados a la recolección y trueque de desechos.

## "Vanguardia" y "tradición" en la narrativa de César Aira

antropólogo, sobre una topografía que mueve la acción, mecanismo tan privilegiado en la narrativa de Aira y por la que ahora toma cuerpo una semiosis urbana. Tales procedimientos se encarnan en la omnisciencia narrativa y en el trato directo que el artista no esconde respecto a la materia de su narración, en este sentido juegan los datos espaciales: la villa del Bajo Flores, la esquina de Bonorino y Bonifacio, la comisaría 38, las inmediaciones de la avenida Rivadavia, la calle Directorio, Parque Chacabuco y la alta densidad de edificios, comercios y restaurantes. Ahora, Aira se concentra, al menos en algunos de sus fragmentos, en los mecanismos de un circuito (obtención, clasificación y transacción de materiales; basura, chatarra, hierro, plástico, papel, vidrios, latas) expulsando toda réplica quejumbrosa por el desolador entorno de la pobreza. El narrador muestra que hay otros que viven de los desperdicios ajenos, pero no se pregunta porque ni propone solución. Si la miseria es el motivo central del escenario que elige Aira, y a pesar de su relativo carácter testimonial, cualquier signo de denuncia queda descartada en una ficción que se basta a sí misma, quitándole lugar al reproche posible. En este sentido, la alusión del narrador a los refugios improvisados y la descripción minuciosa del interior de la villa, constituyen los microespacios, los mundos simultáneos y paralelos que también vimos en el refugio de madres solteras y el Colegio de la Misericordia (en *El sueño*) o el gimnasio (en *La guerra de los gimnasios*) que demanda una estrategia de observación de cerca. Cuando decíamos más arriba, "relativo" nos referíamos al punto de viraje que adopta la novela quedando a merced de una suerte de pliegue de doble faz. Las siguientes citas textuales pueden contribuir a una mejor comprensión del problema.

> Una ocupación voluntaria de Maxi era ayudar a los cartoneros del barrio a transportar sus cargas. De un gesto casual había pasado a ser con el correr de los días un trabajo que se tomaba muy en serio.....y si un día, o mejor dicho una noche, no hubiera podido salir a hacer sus rondas por el barrio, habría sentido agudamente que los cartoneros lo extrañaban, y se preguntaban "dónde estará, ¿por qué no habrá venido? ¿se habrá enojado con nosotros?" Pero nunca faltaba. No tenía otros compromisos que le impidieran salir a esa hora. (9)

> La profesión de cartonero o ciruja se había venido instalando en la sociedad durante los últimos diez o quince años. A esta altura, ya no llamaba la atención. Se habían hecho invisibles, porque se movían con discreción, casi furtivos,

de noche (y sólo durante un rato), y sobre todo porque se abrigaban en un pliegue de la vida que en general la gente prefiere no ver. (13)

Llevar a la superficie de lo visible lo que está encerrado. No se trata de una voz militante sino de la concreta mostración del fenómeno, del dibujo y la iluminación de su rostro taciturno. La bisagra entre los dos costados del texto, como indiferenciación entre lo real y la invención, pueden leerse en el sonambulismo de Maxi, en sus figuraciones siniestras de los atardeceres y la especulación fantástica de la mujercita de negro que sale del espejo para protegerlo. La *miniatura* no es otra que Adelita, la sirvienta que trabaja en frente de su casa y que convive con los cartoneros, el mismo talismán y sortilegio que viene del fondo nocturno para hacerle una advertencia (cuyos signos son "leídos" o supuestos por el narrador en tercera, mutados, en un peculiar estilo indirecto, con los improbables pensamientos de Maxi). Por otra parte y a diferencia de sus vecinos, la pequeña mujer lleva nombre y se desempeña bajo patrón.

Vasos comunicantes, como los pasadizos secretos de la villa, son los filtros engañosos que manipula el narrador; los mundos son paralelos, y las carencias de uno de los circuitos (los cartoneros no tienen nombre, ni identidad y ni su lenguaje es representado, salvo como formas fantasmagóricas de proyecciones imaginarias en tercera persona) es compensada por la representación de gestos, hábitos y costumbres, incluso del habla de los sectores medios (fundamentalmente representados por las colegiales y sus familias). Lo que sí toma Aira como blanco de representación son los códigos internos de grupo, los mecanismos de sanción y de lealtad que circunscriben las reglas básicas de convivencia y de supervivencia entre los marginales. Desde el aspecto fabulador o testimonial, esa suerte de sondeo que pone a prueba los extremos entre lo real y la ficción, no hace otra cosa que reactualizar los síntomas de *civilización y barbarie* en la cultura argentina. A pesar de reaparecer vaciados de contenido histórico originario (el contexto decimonónico), la tensión vuelve a aparecer con la fuerza del inconsciente o de aquellos factores que expresan sin apriorismos ni exterioridades, la irreductible singularidad de una cultura o de una experiencia social. Si es cierto entonces que en el texto se produce una suerte de parpadeo o de intermitencia de géneros, lo que pone a *La Villa* en correlación con *El tilo*

## "Vanguardia" y "tradición" en la narrativa de César Aira

es su ambiguo estatuto de crónica, su condición relativa de ensayo, con la salvedad que en la segunda hay una distancia temporal que permitiría hablar de un salto histórico.

Del punto luminoso alucinante, donde el próximo espesor de la realidad envuelve el germen de historias sospechadas, entrevistas o inventadas, de allí, entonces, surgen los personajes del corrupto policía que investiga los inciertos rastros de la proxidina; o la intromisión de las adolescentes (Vanessa, la hermana de Maxi, Jessica, su amiga) que siguen los inciertos itinerarios del solidario gimnasta. Estos son algunos de los disparadores del equívoco como motor de una escritura que borra los límites entre lo real (asesinatos y contrabando de droga, inmigrantes bolivianos y peruanos dedicados al narcotráfico, la presencia de los medios televisivos en las vidas públicas y privadas) y la ficción (de alguna manera los personajes se involucran con el asesinato de Cynthia Cabezas, perpetrado en el barrio que funciona como núcleo de la trama). La compulsiva propensión de la anécdota tiende a un maniqueísmo hiperbólico que sintomáticamente juega con el significante villero: el policía es un "villano" exagerado que expía sus "culpas" en el fracaso de su labor. Por contraste, el feliz desenlace de Maxi (su nombre es en sí mismo la paradoja de lo grande y lo pequeño por el apócope), casi un gigante protegido en su sueño incontrolable por los diminutos habitantes de la villa, repone algunos de los mecanismos de la tradición literaria universal: los cartoneros se convierten en duendes y hadas benefactores; y Maxi, de algún modo, se vuelve el Gulliver de Swift.

La figura espacial por la que Aira se manifiesta son las vueltas, los círculos y espirales que implican el sentido con la curiosidad y el asombro que deviene del accidente, la contingencia o la casualidad. Pensemos sino en la figura de la villa, una "calesita" iluminada con sus vaivenes moldeados en el crisol de bombitas eléctricas, la energía de un derroche incontrolado. En este mismo sentido, la intervención mediática del periodismo televisivo, implica menos el efecto de irrealidad que la alucinación que vuelve horizontal el terreno por el que se deslizan llegando al final cirujas, villeros, ladrones, inmigrantes contrabandistas, predicadores religiosos y una jueza inexpugnable junto a las asustadas

Vanessa y Jessica. Son los personajes y los tipos sociales de un orden que no cierra a pesar del final feliz que termina en la vuelta completa, como una calesita multicolor.

Por todo ello podemos decir que Aira no se inscribe en el marco de un realismo clásico a la manera de Lukacs.[51] En en su afán por mostrar el artificio, Aira sube las cosas hacia la piel del lenguaje tramando en la superficie un tiempo y un espacio que da forma a un hacer continuo que implica a la acción (de observar y narrar ) con un tiempo presente y futuro, resultado en cierto modo del contacto (incluso aquí ficcionalizado) con la comunicación de masas. Pero además, y en función

---

[51] Lukacs retoma de Marx algunos principios metodológicos fundamentales del método dialéctico en las ciencias humanas: estructura dinámica significativa, conciencia posible y posibilidad objetiva. El materialismo dialéctico, fundado sobre esos conceptos, implica la afirmación de que todo hecho humano se presenta como una estructura comprensible por el análisis de las relaciones constitutivas entre los elementos que la componen y como elemento constitutivo de un cierto número de otras estructuras más vastas que lo abrazan y lo integran. Todo hecho humano tiene, en esa perspectiva, un carácter dinámico y no puede ser comprendido sino por el estudio de su evolución pasada y tendencias internas orientadas al porvenir. Su estudio presenta un proceso con dos instancias complementarias: destructuración de una estructura antigua y otra a punto de constituirse. El universo novelesco es descripto por Lukacs como un mundo que no podría aceptar un héroe positivo por la simple razón de que todos los valores que lo rigen están implícitos y porque en relación a esos valores, todos los personajes tienen un carácter negativo y a la vez positivo. En este sentido, el héroe problemático está constituido por la búsqueda de esos valores auténticos. Asimismo, la relación entre el desarrollo de la burguesía y el de la forma novelesca, plantea toda una serie de problemas y, en primer lugar, el de saber cómo la realidad económica ha podido engendrar un género literario correspondiente. La sociología de la literatura se había fundado en la hipótesis de mediación en la conciencia colectiva que establece el lazo entre la vida social y económica y las grandes creaciones del espíritu. *Teoría de la novela* es un ejemplo de la ciencia del espíritu que no supera sus límites metodológicos. Para Lukacs, que se había vuelto hegeliano, entre los antiguos representantes de la misma se contaban aquellos vinculados al kantismo sin estar liberados de las secuelas del positivismo, como el caso emblemático de Dilthey. Según sus propios términos, *Teoría de la novela* es una obra que supo aplicar concretamente los resultados de la filosofía hegeliana a los problemas estéticos. Aquí busca establecer una dialéctica de los géneros fundada históricamente sobre la esencia de las categorías estéticas, sobre la esencia de las formas literarias, allí donde se produce una estrecha ligazón entre categoría e Historia. Su método es abstracto en el más alto grado, separado de las realidades concretas, sociales e históricas. La problemática de la forma novelesca es el reflejo de un mundo dislocado. Así, la diferencia entre epopeya y novela radica en los datos histórico filosóficos que se imponen a la creación. La novela es la epopeya de un tiempo donde la totalidad extensiva de la vida ya no está dada de manera inmediata, de un tiempo para el cual la inmanencia del sentido de la vida se ha vuelto problema pero que, no obstante, sigue apuntando a la totalidad ("El efecto de lo real").

de ese inmediatismo, hay un vuelco hacia el instante desde el cual la narrativa airana arma una dialéctica entre el fragmento y la totalidad: la intensidad. La aceleración del tiempo, la contiguidad del espacio son los marcos que demanda la voluntad de pasar al otro lado; pero también son los síntomas de un estado alucinado y real, extraño cuanto más interviene la autopercepción y, sobre todo, escindido, desdoblado en el sentido que determina la conciencia de lo simultáneo. Por ello la iconografía airana se presenta en la rapidez del devenir urbano allí donde los escarceos de la lógica traman una sintaxis narrativa hecha de saltos y digresiones. Se trata de una iconografía que empalma los fragmentos del contexto o de un entorno contemplado muy de cerca; es la instantánea captación de un ojo que registra su propia mirada, la desmesura de la simultaneidad que tiende una trampa a las ilusiones referenciales.[52]

Aira siempre pone a prueba la elasticidad del confín, extremando las posibilidades del conjunto a partir de sus consecuencias extremas. De esta manera, puede desactivar los datos de la perspectiva lineal exasperando las variaciones del punto de vista (del narrador, del personaje) en combinación con actitudes banales y transitorias que son objetivadas desde la distancia o la cercanía. Lo que en realidad sucede es la autodestrucción de la perspectiva, como el "trompe-l'oeil" o la anamorfosis, operaciones del gusto neobarroco. Mientras *La Villa* produce un movimiento de turbulencia por una acción que cada vez se potencia más, el nuevo orden que se va realizando es una especie de mutación perceptiva, encarnada en los personajes que deben amoldarse a nuevas estructuras con formas de nudos y laberintos. Y en este continuo que es "la calesita", se nos permite descubrir que ya no hay encrucijadas monoplanares, porque hemos quedado lejos definitivamente del universo

---

[52] El artículo de Barthes analiza las reglas culturales de la representación. Su lectura nos sugiere el sentido que se debate en la denotación de lo "real concreto", en la representación pura y simple de lo real que es o ha sido; resistencia que remite a la oposición entre lo viviente y lo inteligible (podemos agregar, entre la naturaleza y la cultura) como si lo que vive no pudiera significar, aunque sea ese mismo "real" la posible referencia esencial del relato histórico. Lo "real concreto" se vuelve la justificación suficiente del decir. El texto de Aira puede ser pensado desde las pautas del realismo moderno, cuya verosimilitud queda implicada como discurso acreditado por la referencia.

explicado en base a reglas concatenadas.⁵³ La fábula que *La Villa* propone es la de quien puede cruzar el puente, saltar el alambrado o dar el salto hacia el abismo de un mundo fragmentado, encontrando un orden diverso del punto de partida.

A modo de cierre

El realismo de Aira no se confunde con la referencia exterior de la novela canónica (Balzac); tampoco se agota en la autorreferencialidad que excluye la potencia creativa del mundo. Como si despegara de los momentos inaugurales del Formalismo Ruso, la poética airana destaca aquellas instancias específicamente literarias (la forma, el procedimiento y el estilo) para llegar a hacer del mundo una dimensión aleatoria del lenguaje. Desde la perspectiva actual de la mirada artística, bien se ha señalado la relación entre la escritura de Aira y los medios de comunicación, entre su ritmo compulsivo a la hora de publicar, y su lógica implacable de escritor que rebasa las leyes del mercado masivo y editorial (Montaldo, "Borges, Aira"; Contreras; Link). Así, más que copia y observación de lo real, la narratividad de Aira consiste en esa operación que transforma el mero transcurso de los hechos en lo real como efecto y acontecimiento puro. En esta frecuencia, se trata del plus que anula la discriminación espacial entre mundo y literatura, o, en todo caso, de una experimentación extrema con los mecanismos del *continuo entre arte y vida*.⁵⁴ Como punto de partida, vamos a apelar a los términos de *performance y actuación*. Digámoslo en esta forma, si se quiere. La poética incide en la vida; y al mundo real de los medios y las instituciones, ya le

---

⁵³ Actualmente nos descubrimos en un mundo de riesgo, un mundo en el que la reversibilidad y el determinismo se aplican sólo a simples, limitados casos, mientras que *la irreversibilidad y la indeterminación son la regla*. Dicho en otros términos: mientras que el proyecto de descripción y explicación de la naturaleza como concatenación de comportamientos generados por un pequeño número de reglas ha fracasado, aparece la idea de un universo fragmentado, compuesto por comportamientos locales diferentes por calidad (Calabrese).

⁵⁴ "El vanguardista –dice en "La nueva escritura"– crea un procedimiento propio, un canon propio, un modo de recomenzar desde cero el trabajo del arte. Entendidas como creadoras de procedimientos, las vanguardias siguen vigentes y han poblado el siglo de mapas del tesoro que esperan ser explotados. Constructivismo, escritura automática, ready-made, dodecafonismo, cut-up, indeterminación. Los grandes artistas del siglo XX no son los que hicieron obra sino los que inventaron procedimientos para que las obras se hicieran solas" (2-3).

es difícil imponer las condiciones de acceso y permanencia. Es entonces cuando la vida (ese exceso de realidad implicado en los circuitos que legitiman el nombre propio), es deglutida por la ficción que, lejos de esfumarse se transforma y acelera, volviendo a la literatura como su materia y su síntoma, o como la clave misma de lo real. Todo es literatura, y por eso es más real. En este sentido, la escritura es voraz porque su primer paradoja reside en convertir el signo de su máxima exterioridad (contexto, entorno, determinación) en el sustento básico de su narratividad o en el soporte de la modulación referencial. Antes de los relatos enmarcados y de las cajas chinas, antes del "asunto interno" que pertenece a las fábulas genuinas, la construcción del mito personal es la puesta en escena de una performance de intervenciones públicas (entrevistas, conferencias esporádicas, incluso sus propias publicaciones o ensayos mediáticos) y ausencias o reclusiones voluntarias. Ni meta ni paratextualidad; la imagen de artista es producto de una construcción y parte de una trama; es, en todo caso, el primer signo del relato.

Si en Aira queda abolida la lógica racional que distingue adentro y afuera, el espacio implica una relación complementaria con el tiempo: nada es anterior al germen de la ficción. Nada sucede antes de la acción propiamente dicha, es decir, antes del instante en que la creación da cuenta de sus circunstancias, del presente y de su historia: nada *es* antes de ser narrado (no en vano la figura de quien relata alcanza las dimensiones de una omnisciencia ubicua o de un protagonismo en primer plano). De este modo, los elementos que permiten reconstruir tal sistema de enunciación son fundamentales para entrar en una lógica narrativa donde el tratamiento de la temporalidad nunca evita la relación causa-efecto. Este es uno de los puntos centrales para inscribir la poética airana en el mapa donde la tradición de la literatura argentina (la literatura gauchesca) y las vanguardias europeas ingresan con la torsión de la paradoja y la inmediación. Porque si en el realismo canónico la escritura ostentaba su misión teleológica y dialéctica, su preceptiva de generalidades, conceptos y mediaciones, Aira da vuelta la concepción de lo real promoviendo una trama por donde el modelo de lo típico, previsto y reconocible, se

*111*

transmuta y se desdobla en la figura de la otredad: la lógica del azar.⁵⁵ Esto es: o bien el objeto del cual se habla se escurre y se disuelve en un juego de variaciones formales (por lo cual habría que hablar de metamorfosis) o bien puede permanecer reconocible en los restos de una procedencia impropia (Rosa, *La lengua del ausente*). Quizá entonces el término de *extrañamiento* venga en auxilio con un aire de renovación formalista pero sobre todo puede que incida cuando ya es posible captar relentes lejanos de una presencia que nos fue conocida (la lectura canónica, instituida); ahora es posible ver de cerca su carácter de realidad transformada, en el instante mismo de su creación o en su puesta en escena como movimiento pleno. Se trata de los alcances *monstruosos* de lo real, como materia y resultado (los extremos del antes y el después) de un mismo proceso, se trata de la química que el autor-personaje-narrador logra buscando el latido íntimo de la forma, antes de alcanzar el estatuto de historia o narración. Sin ir más lejos, es el propio Aira quien puede devolvernos a la génesis del realismo con su novedosa idea de salto al vacío impulsada por Lukacs en contraposición a un naturalismo de corte más distante y basado en la observación y en la copia que excluye la participación del sujeto en la construcción del mundo.⁵⁶ Desde este punto de vista, la poética narrativa de Aira se zambulle en el centro de un problema teórico, pero

---

[55] En "La nueva escritura" Aira trata de un modo particular los problemas de la historia, del realismo y el verosímil a contraluz del procedimiento que oscila entre la memoria individual y la prescripción cultural y colectiva. A propósito, citamos sus palabras: "Cage justifica el uso del azar diciendo que así es posible una composición musical cuya continuidad esté libre del gusto y la memoria individuales, y también de la bibliografía y las tradiciones del arte. Lo que llama 'bibliografía y tradiciones del arte' no es sino el modo canónico de hacer arte, que se actualiza con lo que llama 'el gusto y la memoria individuales'". Lo verosímil se halla encerrado entre estos cuatro elementos que menciona Cage: es cultural y arbitrario, lo cual significa que la línea divisoria entre los posibles que excluye y los que retiene (y a los que hasta concede una verdadera promoción social) varía considerablemente según el contexto histórico, artes, géneros, etc" (3).

[56] Precisamente en la noción de realismo, Lukács "deja un hueco de conceptualización ahí. Hueco que alude a la articulación de teoría y práctica, esa especie de salto al vacío, pues tiene por horizonte la plenitud de lo real. El realismo es la forma que ha tomado la realidad para la literatura (Jakobson lo vio claro: la historia de la literatura es el sistema de los realismos). Yo veo en este concepto vacío de Lukács una grandiosa intuición del Salto, que es anterior a la literatura y pone al escritor en el corazón de lo real. Pero Lukács advierte: no lo consigue cualquier participante de lo real, sino sólo el que se desprende de sus determinaciones históricas y busca y anhela el cambio, lo nuevo. La transformación de lo real, y la de la literatura, deben verse en esta simultaneidad dialéctica" (Aira, "La innovación").

sin desatender nunca al germen de la historia ni a esa materia previa que constituye esa suerte de abismo en el que debe sumergirse el narrador; así puede recuperarse el artificio artesanal que exime a la literatura de su condición deudora y subsidiaria del discurso de la Historia, la Ciencia o de su propia Teoría: así, la condición del artista se recupera por encima de la representación y se la rescata a costa de la intervención funcional y jerárquica del concepto.[57]

Los temas de la Historia Nacional pueden asumir rasgos de personajes (Rosas, Lavalle) o de episodios (la Campaña al Desierto, los viajes europeos o los malones); como sea, el efecto de lo real parecería ser más bien el resultado óptico a la luz de la posición que adopta el narrador, cuyo matiz cambia de gradación de acuerdo a la cercanía o la distancia con que se mira. Si por momentos la Historia toma dimensiones monumentales, el detalle convoca la miniatura escénica que restituye el proceso de la Historia como materia narrable, el carácter experimental del relato quedando a salvo de las convenciones de museo. Pensemos en algunos ejemplos textuales vinculados con la vista, la mirada o la visión. En *La liebre*, el dispositivo caleidoscópico con el que Clarke (el viajero inglés) alterna la monotonía de la llanura se duplica en las fábulas sobre el presunto animal que, más que ser el presupuesto sobre el que se habla, es la cosa que impulsa y origina la cadena interminable de relatos. Así, la gema diamantina que persiguen las tribus tiene forma de liebre (eso se dice) y, a su vez, una liebre fue lo que cayó al fondo de un pozo hasta que sus ojos se agrandaron desmesuradamente. Incluso

---

[57] "Lo de la representación no quedó del todo claro (...) Para hacer esta evaluación del realismo de la escena onírica, debemos tener un paradigma, un modelo, y éste no es otro que la realidad misma, cuyo efecto sobre nosotros estamos constatando todo el día. ¿Y cómo lo hace la realidad? ¿Cómo logra ella dar ese efecto de real? Hagamos como si la pregunta no estuviera mal planteada (por cierto, ¿qué otro efecto que el de realidad iba a producir la realidad?), hagamos en beneficio de la demostración como si la realidad fuera un agente más en procura de una ilusión de realidad, al mismo nivel que las novelas, los cuadros, el teatro, el cine, la escultura hiperrealista, el sueño, la alucinación inducida con drogas, etc, ¿Con qué elementos cuenta la realidad para lograr ese efecto, y para lograrlo mejor que cualquiera de sus sucedáneos? Bueno, una vez más, cuenta con la ventaja de ser el paradigma con el que se mide el éxito de los sucedáneos. ¿Pero si no fuera el paradigma? ¿Si todavía tuviera que ganarse ese privilegio? Aun así sería incomparablemente más eficaz en virtud de la cantidad innumerable de detalles que puede poner en juego y hacer coincidir en la creación de realismo (Aira, *La broma* en *Taxol* 73-74).

su leyenda toma forma (e impulso para seguir transmitiéndose) por el arco superciliar derecho de Erasmo, cuyo tallado fue encargado por el sabio a unos judíos de Amsterdam para ajustar mejor su monóculo y poder así seguir leyendo. La serie de relatos duplica la intensidad de la acción y la matriz inventiva que mueve a los personajes: *son* mientras narran o son narrados. Asimismo Rugendas, el pintor de *Un episodio...* ve alterada su capacidad visual a causa del accidente que le obliga a usar una mantilla negra para proteger lo que le queda de vista; o Maxi, el Gulliver inocente de *La Villa*, mezcla de somnolencia con ceguera nocturna. Lo que Aira muestra en sus ficciones y teoriza en sus ensayos es una suerte de fuerza translingüística que empuja la savia narrativa hacia delante, antes de que llegue a naturalizarse el signo como convención del sistema lingüístico, antes de que la palabra pierda la atracción de la imagen. Algo de la consigna china "que lo antiguo sirva a lo nuevo" señala cómo llegar hacia una imagen, que además, en el caso de Aira, supone siempre comenzar relecturas de la literatura "clásica" (el realismo, el género de aventuras); así convoca las huellas de un deleite inolvidable en un trabajo experimental con stocks de significación. Aira destila el jugo de aquellas conexiones imprevistas que dan forma a los sucesos, abdicando de los reflejos directos o las causalidades simplistas. De ahí el efecto televisivo y/o cinematográfico de la narración, porque antes de contar hay que saber mirar para advertir la delgada línea entre lo invisible de la letrapantalla y lo que desde allí se convierte en visibilidad pura. La literatura airana, si algo lleva a cabo de manera programática, es desnaturalizar la representación clásica apoyada sobre falsas evidencias, señalando el verdadero deseo que ellas traicionan y reprimen. En este sentido la "apariencia" no viene a oponerse a "esencia" como un sustituto inerte; es, por el contrario, la predicación activa y viviente del objeto que muestra, ante todo, las leyes y los efectos de lo visual, el registro iconoclasta de la verdad infinita del mundo.[58] Así, la narratividad de Aira tiene en común

---

[58] Aira nunca intenta reabsorber las contradicciones ni neutralizar la heterogeneidad de las cosas; sino que juega, más bien, a simular una unidad, desmaracándose del saber que constituye a los enunciados. Aira inscribe la extrañeza inherente al sistema de enunciación. Al respecto, resulta interesante cotejar esta perspectiva con la óptica desarrollada por Serge Daney quien recuerda la observación de Christian Metz, según la cual la traducción lingüística de un plano de un revólver no sería la palabra "revólver" sino algo como "he aquí un revólver". La trayectoria del

## "Vanguardia" y "tradición" en la narrativa de César Aira

con la presentación fílmica una suerte de tercer sentido como puesta en código de lo irreductible donde la imagen segrega un elemento que le es funcional, y pertenece tanto a su lado oculto como a la superficie. Lo que muchas veces llamamos acontecimiento es la manifestación, la presentación como acto y como gesto.

Al comenzar este trabajo habíamos planteado que lo real, lejos de implicar un presupuesto, suponía más bien un problema (artístico, teórico o filosófico), un interrogante inherente al proceso de la narratividad. Quizá ahora podamos correrlo del lugar provisorio de punto de partida para reconocerlo en términos de una ecuación que el propio Aira pensó alguna vez como "procedimiento y resultado" (Aira, *Alejandra Pizarnik*). Si invención y realidad es la "materia inicial", la fuerza que integra la fábula y el ready made, queda por ver lo real en tanto efecto del trabajo, en tanto modulación artificial de ciertas convenciones: en este sentido lo real se identifica con la forma y la forma con el acontecimiento. Pero cuando hablamos de trabajo y sobre todo cuando pensamos en la fábula y el ready made, hay que incluir al *tiempo* en tanto inversión de la causalidad lineal, una suerte de operación colectiva que en un momento de la Historia, en este caso, la Historia del proceso artístico, haría girar el lugar asignado al efecto; es lo que Aira capta de manera magistral en la narración kafkiana: el canto de Josefina es el mensaje de la comunidad al individuo (y no al revés, como funciona usualmente una obra de arte) la marca genealógica donde el eco ancestral es singularizado como legado y apropiación. El ready made entonces, es leído y aceptado como obra cuando lo individual se transmuta en colectivo y a su vez resalta la

---

dedo, la pulsión escópica y balística ponen de manifiesto el problema de la enunciación en el cine que funciona como la instancia que enuncia en tanto voz silenciosa (la que dice "he aquí"). Pero más que aserción y sentido, la imagen es la instancia que vuelve presente, lo que activa el mecanismo de la enunciación, más allá de los contenidos ligados con el terreno de la denotación. El problema es el de una imagen que insiste más allá de la localización precisa, una imagen que resiste la reducción al estado puro de la información. Narración (en Aira), película (en Daney): se trata de un texto que no oculta más su pretexto que a su vez es sospechado, entrevisto, vislumbrado; entonces, ya no se trata de fragmentar la pantalla sino de "hacer figurar en ella la fragmentación; no romper una continuidad sino hacer emerger una ruptura en la cinta misma de la presencia; revelar el sentido oculto de los seres y las cosas sin romper la unidad temporal. Y esta unidad no es sino aquella del continuum espacio temporal de la representación" (*Cine, arte del presente* 22).

individualidad del receptor en lo intransferible de su lengua, que no existe fuera de esa operación.[59] Si algo exponen las novelas de Aira, y que termina de resolver en el citado ensayo, no es precisamente el proceso de evolución darwiniana que va de individuo a especie; porque mientras que en Darwin la escritura de sus investigaciones tiende necesariamente a la explicación, en Aira el proceso es inverso: de especie a individuo (a lo azaroso, a lo singular y lo contingente). La línea que transmuta lo previsible en lo desmesurado o incluso lo *monstruoso* implica una vuelta de 180 grados al relato puro, ese que insiste en perpetuarse desprovisto de la explicación. Sin embargo hay una instancia donde sus reflexiones articulan la doble implicancia de fábula (o tradición) y relato (en ready made). En la idea tradicional de fábula como género, la explicación implica al tiempo que se despliega en la línea retrospectiva de la causalidad. En la lectura que Aira hace de "Josefina la cantora o el pueblo de ratones", destaca el carácter de fábula que integra como simultaneidad, el problema del *tiempo y la clase de artista y obra de arte*, que no es otra cosa que el ready made tal como lo inventó Duchamp. Si la música ya existía entre los ratones, ¿por qué el canto de Josefina sigue siendo singular en su falta de coincidencia con el legado transmitido? ¿Por qué, siendo único, es resistido al reconocimiento de la comunidad? "Como con Josefina y su canto, los ready mades de Duchamp no coinciden con la idea tradicional que nos hacemos de la pintura o la escultura. El ready made tiene algo de fábula, es decir, de demostración hecha a base de figuras coloridas e inolvidables, 'divertidas', un poco artesanal y 'doméstica'". Aquí, el tiempo está incluido en su tendencia a la brevedad y al impacto de la acción, tendencia que busca el efecto de lo que hay que decir por el camino más breve y eficaz, por su efecto experimental.[60] En cuanto a la producción,

---

[59] Para Aira, la fábula como forma narrativa literaria breve (la fábula de Esopo o La Fontaine) es un género demostrativo de una verdad moral, histórica o política. Se trata de un género didáctico o en general de todo tipo de discurso que pretende demostrar una verdad por lo que necesita de los "tipos", de los individuuos universalizados, porque los individuos "individuales", contienen demasiados elementos contingentes para funcionar como bloques eficaces de una demostración. Lo que en la novela realista son los 'tipos' sociales o históricos, en la vieja fábula lo fueron los animales en los que el paso de individuo a especie se da con fluidez" (Aira, "Kafka, Duchamp").

[60] La cuestión de la brevedad, tal como es desarrollada por Aira, tiene que ver con el sistema de cajas chinas o de la extensión de Kafka en el marco y el centro vacío. En el sentido en que el ready made funciona como una suerte de fábula, esto implica un modelo de todo el arte del siglo

el canto de Josefina ya está hecho, como su nombre lo indica, es el ready made por excelencia del chillido ancestral de todos los ratones. Tal cual. Y en cuanto a la recepción, Aira también incluye, paradojicamente, un momento darwiniano, cuando la sociedad, en un punto sin retorno, sincroniza con el artista en la elección más o menos azarosa del objeto artístico por el que los ratones, sin embargo, se niegan a pagar, tal vez porque el canto, como ready made, ya ha incorporado tematicamente el vacío; el canto es, en este sentido, un vacío de trabajo.

Mutante, disidente y salvaje; una suerte de escritor deportado del canon que resguarda el sistema de valores pretendidamente imperecederos para conservar la literatura como institución. Si el clacisismo erigía la tríada de Verdad, Belleza y Bien, está claro que Aira es un desertor por origen y elección; pero surge el problema de las otras estrategias artísticas cuando emergen como contravalor y ruptura: tal es el caso de las vanguardias históricas que se corren de la idea cristalizada de belleza literaria, con imágenes automatizadas alrededor de determinados clisés. La novedad de Aira reside en apartarse de sus contemporáneos o de aquellos escritores que en los ochenta ocuparon el centro de la crítica literaria, nacional e internacional. Ni la teorización política y literaria de Piglia (y decimos, entramada en el asunto narrativo) ni la reflexión filosófica de Saer (que también forma parte de sus ficciones). Aira consolida su prestigio en la década de los noventa esgrimiendo la necesidad de tonificar la novela argentina contemporánea (recordemos de paso que él mencionó cierto padecimiento de raquitismo, en lo que hace a la médula de la narratividad). A esta altura el panorama se nos vuelve claro para admitir que todo buen escritor reconoce que su firma real dependerá de su relación con la literatura, ya desde un punto de vista de lector: ¿qué tomar del pasado y cómo distanciarse de los contemporáneos, más o menos cercanos?. Lo que Aira incorpora y lo

---

XX, que es experimento o arte experimental. Nosotros veíamos un punto discutible desprendido de la propia afirmación airana: "El experimento es breve ya que apunta a llegar cuanto antes a la conclusión". Pensábamos en Joyce y en el mismo Kakfa, que, y a propósito de este último, señala su cuestión pendiente con el problema de la extensión que transporta a sus novelas (*El castillo*, *El proceso*) y el diferimiento sobre los marcos, donde poco dice sobre los asuntos internos de los textos (sobre lo que pasa en el castillo o sobre los contenidos del proceso) (Aira, "Kafka, Duchamp").

vuelve paradojalmente nuevo, es la articulación entre tradición (fábula) y vanguardia histórica (los ready mades duchampianos), cuyo punto de unión es la condición misma del relato.[61] Quien escribe literatura, según Aira, debe recuperar lo novelesco en sí, la pureza incontaminada de la historia que funciona mágicamente como talismán cuando se trata de hechizar la atención del escucha o del lector. Por ello, las operaciones que constituyen la base de la textualidad son la suspensión (el paréntesis) o la digresión (el punto donde la narratividad difiere al infinito, el *pliegue*, según la terminología deleuziana). Ahí reside la torsión que mantiene el equilibrio entre reelaborar el acervo y hacer uso inmediato de la recepción, aunque siempre difiera en su repetición. El artista que aparece más o menos aludido en su "Ars narrativa" es el que reúne los opuestos de la explicación (inherente a la moraleja y conclusión de la fábula) y del ready made, mezcla de sorpresa, broma pesada, aparición súbita, acontecimiento genuino e imprevisión. Y no en vano menciona "El Gran Vidrio" de Duchamp o el "Pierrot Lunaire" de Schömberg. La poética de César Aira resulta de esta combinación del fondo arcaico y gesto repentino. De este modo podemos aproximar algunos ejemplos como pinceladas rápidas e inacabadas, a partir de eso que ya está hecho y es tomado como arte y materia estética, es procesado como palimpsesto (donde el pretexto es previo y explícito: *Moreira* y, además, donde los escuchas quedan absortos en la *relación* del Maestro), como biografía en (*Un episodio...*; *Cecil Taylor*), o como escenas de reproducciones y simulacros (*La mendiga*, donde se deconstruyen las dimensiones de la novela cuando "Cecilia Roth" ingresa como personaje junto a la prontagonista Rosa; "Cecilia Roth" es la actualidad inmediata porque su personaje televisivo de ginecóloga que protagonizara en la serie de unitarios llamada "Nueve Lunas" es más o menos contemporánea a esta novela). Pero en esta apuesta extrema por la pureza de lo narrativo se juega también la puesta en escena del procedimiento y de la forma, lo que logra su síntesis en el uso y marco de determinados géneros literarios y en la

---

[67] Vemos, como ya habíamos indicado, que espacio, tiempo y sujeto definen el mapa donde la experiencia toma la forma de la literatura. Y a propósito del continuo, es más que útil el trabajo de Graciela Speranza cuando toma de Georges Bataille la categoría de lo informe (Speranza, *Primera persona* y "Magias parciales").

## "Vanguardia" y "tradición" en la narrativa de César Aira

insistencia sobre la acción que termina por transmutar la realidad, por efecto de cambio y aceleración. En cuanto a los géneros, Aira practica de un modo único los géneros fundantes de la prosa, a saber: los relatos de viajes, la novela de aventuras y la ciencia ficción; y en cuanto a lo real, la inmediación, el pasaje repentino o el "salto" le dan su forma, como en *La mendiga*. Podemos ver cómo la narración se enmarca en el trompe l'oeil infantil. En este sentido el pasaje de espacios prescinde de la mediación, implicando un procedimiento que permite desplazarse de la ciudad al bosque hechizado, como zonas ligadas al mismo tiempo tanto con la ficción mediática como con la esfera arcaica de la narración.

Artista y productor, la realización de literatura o la escritura de ficción se sostiene en una doble práctica simbólica: artesanía (por el rescate de la tradición y el pasado) y producción (por la mirada vanguardista y futura); en cualquier caso la experimentación moderna radica en esta operación doble de actualidad y detenimiento, volver a leer los precursores para transformarlos en un efecto extremo y radical de lo nuevo. Los registros de esa apropiación –con su inigualable sesgo transformador–, reinventan (o *presentan*) los modos básicos de los registros, la adaptación (o traducción) de los esquemas (nunca fijos) del mundo airano, un mundo que elegimos partir en dos miradas o dos órbitas: la rural y la urbana. Si la primera puede encarnar la *Historia Nacional* en el espacio de un campo casi irreconocible, la segunda, con epicentro en el barrio porteño de Flores (dicho sea de paso, el lugar de Aira) juega con la imaginación técnica y las conspiraciones surrealistas (las monjas autómatas y asesinas de *El sueño*, los osos y las niñas foco de *La mendiga*). Hasta aquí, es notable la puesta en escena del procedimiento, el relieve que adquiere la forma en cuanto potencia de repetición y prueba ininterrumpida de la realidad de lo imaginario; esa es la función, por ejemplo, que cumple el "álgebra ciega" en la que el infinito asegura el continuo artístico, más allá de la positividad del contenido lineal y los ejemplos correctos. Así, pensar un método (estético, musical o literario) se presta para ilustrar o hacer visible la primacía del proceso artístico. Pensemos por un lado en *La trompeta de mimbre* y también en *La fuente*. En este último texto, el azar y la futilidad están del lado de los ritos cotidianos y los códigos de cortesía, pretextos descriptivos de una forma y un procedimiento cuya lógica excede la ley de lo verosímil y de lo previsible. Aquí, los habitantes de una isla construyen un canal que comunica el mar con la fuente de agua dulce; como es habitual en los textos de Aira, la invención se impone neutralizando la potencial explicación de los hechos. A la vez, la enunciación se satura de preguntas sin respuestas. Si bien todo hace pensar en un propósito insensato, el final de la fábula celebra el éxito de los aldeanos dejándonos abierto el canal de lo posible: la lluvia salvadora o la tierra removida desde un suelo inmemorial, como la vida de los nativos. En todo caso, la narración se detiene en el instante preciso del desafío creativo, en el proceso que implica el salto sobre el abismo. Pero Aira juega con la moral y la moraleja de la fábula sin respuesta ni probabilidad ante la fuerza del enigma, ante el misterio de un secreto reservado, ajeno y resistente a toda argumentación utilitaria. La fuente, como sucede con la chimenea de la casa de infancia en *El tilo*, está escondida y es una joya, como el corazón aterciopelado de un estuche. Y aunque de su fondo nada se sabe, lo que guarda es anterior a toda historia.

> ...¿Un náufrago, quizás, el equivalente a un náufrago, abandonado en la isla que movido por la sed, se internó hacia el centro? Qué alegría habrá sentido entonces, al encontrarla, al hundir la cabeza en el agua pura, oscura, silenciosa, y recuperar la vida que estaba a punto de perder...¿y cómo se difundió su fama, después? Lo más probable es que haya sido objeto de muchos descubrimientos independientes, de muchas sorpresas, de muchas coincidencias felices, hasta que los primeros pobladores de la isla, en la antigüedad, todavía sin nombres, se hicieran la rutina amorosa que había persistido por siempre...hasta hoy. (88)

Es la miniatura frágil "custodiada por un sapo acróbata y un pajarito melodioso". Si el proyecto de la potabilización del agua se nos hace increíble, también es verdad (como verdad del texto) que el vacío del cual surge el manantial termina por servir a las demandas de los habitantes. Como es frecuente en la narrativa airana, se esciden los niveles del concepto de verdad y de lógica, por los que la literatura ostenta sin culpa ni responsabilidad sus propias leyes. Lo que encaja a la perfección en el régimen textual es el régimen de vida de los personajes y no la moral de una lectura que busca la supremacía utilitaria de acuerdo con la lógica racional.

# *Bibliografía*

Agamben, Giorgio. *Infancia e historia*. Silvio Mattoni, trad. Buenos Aires: Adriana Hidalgo, 2001.

Aira, César. *La abeja*. Buenos Aires: Emecé, 1996.

_____ *Alejandra Pizarnik*. Rosario: Viterbo, 1998.

_____ *El bautismo*. Buenos Aires: Grupo Editor Latinoamericano, 1991.

_____ *El congreso de literatura*. Buenos Aires: Tusquets, 1999.

_____ *La costurera y el viento*. Rosario: Beatriz Viterbo, 1994.

_____ *Cecil Taylor*. Buenos Aires: Mansalva, 2011.

_____ *Cómo me hice monja*. Rosario: Beatriz Viterbo Editora, 1993.

_____ *Copi*. Rosario: Beatriz Viterbo, 1991.

_____ *Ema, la cautiva*. Buenos Aires: Editorial de Belgrano, 1981.

_____ *Un episodio en la vida del pintor viajero*. Rosario: Beatriz Viterbo, 2000.

_____ *Los fantasmas*. Caracas: Fundarte, 1994.

_____ *Fragmento de un diario en los Alpes*. Rosario: Beatriz Viterbo, 2002.

_____ *La fuente*. Rosario: Beatriz Viterbo, 1995.

_____ *La guerra de los gimnasios*. Buenos Aires: Emecé, 1993.

_____ *La liebre*. Barcelona: Emecé, 2002.

_____ *El llanto*. Rosario: Beatriz Viterbo, 1992.

_____ *La luz argentina*. Buenos Aires: Centro Editor de América Latina, 1983.

_____ *La mendiga*. Buenos Aires: Mondadori, 1998.

_____ *Los misterios de Rosario*. Buenos Aires, Argentina: Emecé, 1994.

_____ *Moreira*. Buenos Aires: Achával Solo, 1975.

_____ *La serpiente*. Rosario: Beatriz Viterbo, 1997.

_____ *El sueño*. Buenos Aires: Emecé, 1998.

_____ *Un sueño realizado*. Buenos Aires: Alfaguara, 2001.

_____ *Taxol. Precedido de Duchamp y La Broma*. Buenos Aires: Simurg, 1997.

_____ *El tilo*. Rosario: Beatriz Viterbo, 2003.

_____ *La trompeta de mimbre*. Rosario: Beatriz Viterbo, 1998.

_____ *El vestido rosa. Las ovejas*. Buenos Aires: A. Korn Editora, 1984.

_____ *La villa*. Buenos Aires: Emecé, 2001.

_____ "La innovación". *Boletín/4. Centro de Estudios de Teoría y Crítica Literaria* (1995): 27-33.

_____ "Kafka, Duchamp". *Tigre* 10 (1999): 157-61.

_____ "La nueva escritura". *Boletín/8. Centro de Estudios de Teoría y Crítica Literaria* (2000): 165-70.

Auerbach, Erich. *Mímesis*. México: Fondo de Cultura Económica, 1996.

Barthes, Roland. *El grado cero de la escritura*. Buenos Aires: Siglo XXI, 1976.

_____ "El efecto de lo real". *El susurro del lenguaje. Mas allá de la palabra y la escritura*. Barcelona: Paidós, 1987.

Benjamin, Walter. "El narrador. Consideraciones sobre la obra de Nicolai Leskov". *Sobre el programa de la filosofía futura*. Barcelona: Planeta, 1986.

Benveniste, Emile. *Problemas de lingüística general*. Juan Almela, trad. México: Siglo XXI, 1978.

Bhabha, Homi. "Narrando la nación". *Nación y narración*. Homi Bhabha, comp. Londres: Routledge, 1990.

Blanchot, Maurice. *El diálogo inconcluso*. Caracas: Monte Ávila, 1993.

_____ *La escritura del desastre*. Caracas: Monte Ávila, 1990.

Borges, Jorge Luis. "El Aleph". *El Aleph*. Buenos Aires: Emecé editores, 1982.

⎯⎯⎯ "El escritor argentino y la tradición". *Discusión*. Buenos Aires, Emecé, 1982.

Butor, Michel. "La balanza de las hadas". *Sobre la literatura*. Barcelona: Seix Barral, 1960.

Calabrese, Omar. *La era neobarroca*. Madrid: Cátedra, 1999.

Certeau, Michel de. "Creer: una práctica de la diferencia". *Descartes. El análisis de la cultura*. Buenos Aires: Anáfora, 1992.

Chejfec, Sergio. *El aire*. Buenos Aires: Alfaguara, 1992.

⎯⎯⎯ "Sísifo en Buenos Aires". *Punto de Vista* 25/72 (2002).

Contreras, Sandra. *Las vueltas de César Aira*. Rosario: Viterbo, 2003.

Cortés Rocca, Paola y Martín Kohan. *Imágenes de vida, relatos de muerte*. Rosario: Beatriz Viterbo, 1998.

Daney, Serge. *Cine, arte del presente*. Emilio Bernini y Domin Choi, trads. Buenos Aires: Santiago Arcos, 2004.

De Olmos, Candelaria. "Viajeros del siglo XIX en la literatura argentina de 1990. Refundaciones monstruosas, delirantes". *Umbrales y catástrofes: literatura argentina de los 90'*. Olga Pampa Arán, et al. Córdoba: Epoké, 2003.

Deleuze, Giles. *El pliegue*. Barcelona: Paidós, 1989.

Derrida, Jacques. *Disemination*. Chicago: Chicago UP, 1981.

Echeverría, Esteban. *Dogma Socialista*, Buenos Aires: El Ateneo, 1947.

Estrín, Laura. *Cesar Aira. El realismo y sus extremos*. Buenos Aires: Ediciones del Valle, 1999.

Fernández, Nancy. *Narraciones viajeras*. Buenos Aires: Biblos, 2000.

⎯⎯⎯ "Ficciones sin moral". *Estudios. Revista de investigaciones literarias y culturales* 14/15 (1999-2000): 281-92.

Fink, Eugen. *La filosofía de Nietzsche*. Madrid: Alianza, 1990.

Foucault, Michel. *La vida de los hombres infames*. Julio Varela y Álvarez-Uría, trads. Madrid: La Piqueta, 1990.

Gombrowicz, W. y Dominique De Roux. *Lo humano en busca de lo humano*. México: Siglo XXI, 1970.

Gramuglio, María Teresa. "Increíbles aventuras de una nieta de la cautiva". *Punto de Vista* 4/14 (1982).

Hegel, G.W.F. *Fenomenología del espíritu*. Alfredo Llanos, trad. Buenos Aires: Rescate, 1991.

Hobsbawm, Eric y Terence Ranger, ed. *The Invention of Tradition*. Cambridge: Cambridge UP, 1985.

Lacan, Jacques. "El seminario sobre 'La carta robada'". *Escritos 1*. Tomás Segovia, trad. México: Siglo XXI, 1988.

Lamborghini, Osvaldo. *Poemas 1969-1985*. Buenos Aires: Editorial Sudamericana, 2004.

_____ *Stegmann 533 bla y otros poemas*. Buenos Aires: Mate, 1997.

Libertella, Héctor, comp. *Literal 1973-1977*. Buenos Aires: Santiago Arcos, 2002.

Link, Daniel. *Como se lee (y otras intervenciones críticas)*. Buenos Aires: Grupo Editorial Norma, 2003.

Louis, Annick. *Jorge Luis Borges: ouvre et manoevres*. París: L'Harmattan, 1997.

Ludmer, Josefina. *El cuerpo del delito. Un manual*. Buenos Aires: Perfil, 1999.

Lukacs, Georg. *Teoría de la novela*. Buenos Aires: Ediciones Siglo Veinte, 1974.

Martínez Estrada, Ezequiel. *El mundo maravilloso de Guillermo Enrique Hudson*. Rosario: Beatriz Viterbo, 2001.

_____ *Para una revisión de las letras argentinas*. Buenos Aires: Losada: 1967.

_____ *Radiografía de la Pampa*. Buenos Aires: Losada, 1991.

Mattoni, Silvio. "César Aira. Una introducción". *Umbrales y catástrofes: literatura argentina de los 90'*. Olga Pampa Arán, et al. Córdoba: Epoké ediciones, 2003.

Montaldo, Graciela. "Borges, Aira y la literatura para multitudes". *Boletín/6. Centro de Estudios de Teoría y Crítica Literaria* (1998): 7-17.

\_\_\_\_\_ "Entre el gran relato de la historia y la miniatura. (Narrativa argentina de los años ochenta)". *Estudios. Revista de Investigaciones Literarias* Año 1/2 (julio-diciembre 1993): 87-93.

\_\_\_\_\_ "La mirada perdida". *De pronto, el campo*. Rosario: Beatriz Viterbo, 1993.

\_\_\_\_\_ "Nuevas reflexiones sobre la cultura de nuestro tiempo". *Estudios. Revista de investigaciones literarias y culturales*. 14/15 (1999-2000): 395-405.

\_\_\_\_\_ "Prólogo". *César Aira. Los fantasmas*. Caracas: Fundarte, 1994.

Monteleone, Jorge. "Nota sobre la traducción". *Eva Perón*. Copi. Buenos Aires: Adriana Hidalgo, 2000.

Nietzsche, Friedrich. *La filosofía en la época trágica de los griegos*. Luis Fernando M. Claras, trad. Madrid: Valdemar, 2003.

\_\_\_\_\_ *Genealogía de la moral*. Andrés Sánchez Pascual, trad. Madrid: Alianza, 1994.

\_\_\_\_\_ *El viajero y su sombra*. Pedro González Blanco, trad. México: Editores Mexicanos Unidos, 1994.

Panesi, Jorge. "Encantos de un escritor de larga risa". *Clarín, Cultura y Nación*. (Buenos Aires, 6 agosto 2000).

Prieto, Adolfo. *Los viajeros ingleses y la emergencia de la literatura argentina (1820-1850)*. Buenos Aires: Sudamericana, 1996.

Renan, Ernest. "¿Qué es una nación?" *Nación y narración*. Homi Bhabha, comp. María Gabriela Ubaldini, trad. Buenos Aires: Siglo XXI, 2010.

Rest, Jaime. "Martínez Estrada y la interpretación ontológica". *El cuarto en el recoveco*. Buenos Aires: CEAL, 1982.

Rosa, Nicolás. *El arte del olvido (Sobre la autobiografía)*. Buenos Aires: Punto Sur, 1990. [Nueva edición, Rosario: Viterbo, 2004].

_____ ed. *Historia del ensayo argentino. Intervenciones, coaliciones, interferencias*. Alianza: Madrid/Buenos Aires, 2002.

_____ *La lengua del ausente*. Buenos Aires: Biblos, 1997.

_____ *Usos de la literatura*. Valencia: Tirant lo blanch, 1999.

Sarlo, Beatriz. "La imaginación histórica". *Una modernidad periférica: Buenos Aires 1920 y 1930*. Buenos Aires: Nueva Visión, 1988.

Simón, Grabiela, ed. *Tramas. Para leer la literatura argentina* IV/8 (1998).

Speranza, Graciela. "Magias parciales del realismo". *Milpalabras. Letras y artes en revista* 2 (2002): 57-64.

_____ *Primera persona. Conversaciones con quince narradores argentinos*. Santa Fe de Bogotá: Editorial Norma, 1995.

Starobinski, Jean. *La relación crítica (psicoanálisis y literatura)*. Madrid: Taurus, 1974.

Vattimo, Gianni. *Las aventuras de la diferencia. Pensar después de Nietzsche y Heidegger*. Juan Carlos Gentile, trad. Barcelona: Península, 1990.

Viñas, David. *Literatura argentina y realidad política*. Buenos Aires: Centro Editor de América Latina, 1982.

_____ "Martínez Estrada: de Radiografía de la Pampa hacia el Caribe". *Revista Estudios. Revista de investigaciones literarias y culturales* Año 5/9 (enero-junio, 1997): 57-72.

Wittgenstein, Ludwig. *Tractatus logico-philosophicus*. Jacobo Muñoz y Isidoro Reguera, trad. Barcelona: Altaya, 1997.

www.ingramcontent.com/pod-product-compliance
Lightning Source LLC
Chambersburg PA
CBHW071413300426
44114CB00016B/2283